「セクハラ」と「パワハラ」野党と「モラハラ」メディア

藤原かずえ

ワニブックス

はじめに

2018年の春、官僚の中の官僚のトップとされる財務省事務次官が明らかに下品すぎる性的な言葉を脈絡もなく女性記者に浴びせたことが週刊誌に報じられ、大騒動に発展したのが「財務省セクハラ騒動」です。

（起）マスメディアはメディアスクラムを送り込み、連日この話題をヒステリックに報じました。

（承）やがてこの女性記者がテレビ朝日の社員であることがわかると、黒服を身にまとった**野党の女性議員たちが #MeToo のプラカードを持って財務省内で抗議**をするという前代未聞の行動を起こします。

（転）そして事務次官の処分が決まると、今度は麻生財務大臣の発言に対して野党・マスメディアがヒステリックに攻撃しました。

（結）しかし、**国会を18連休して財務官僚をつるし上げている野党**に国民から批判の声が上がる一方で、マスメディアにセクハラが**蔓延**しているという事実が報道されると、野党・マスメディアのセクハラ追及の熱も一気に冷め、急速に事態は沈静化して忘れ去られていくことになります。

この「財務省セクハラ騒動」をケーススタディとして取り上げ、日本の政界を取り巻く不合理な**【ドタバタ slapstick】**のパターンを分析すると同時に、そこに隠された**【インチキ fake】**を明らかにするというのが本書の内容です。

最初に明確に宣言しますが、セクシュアル・ハラスメントは悪いことです。**【義務論】**で考えても**【帰結主義】**で考えても、この命題には疑いの余地はありません。よって、セクハラ行為に対して厳正に処罰を行うことは当然のことです。ただし、だからと言って、セクハラ認定の適正なプロセスを通すことなく特定の人物のセクハラ行為を確定して裁きを与えることは、法治国家において許されることではありません。

実は「財務省セクハラ騒動」の論点はこの一点にあります。セクハラの被害者は最大限の保護が保障されるべき存在ですが、加害者を罰することを希望する場合には、本人または代理人が法の執行者にセクハラの証拠を示す必要があります。報道機関に証拠を示しただけでは、加害者を罰することができないのは自明です。この要件に対して、野党・マスメディアは、法の執行者に対して訴えることは二次被害につながるとして、協力を要請した財務省を徹底的に非難しました。ここに財務省と野党・マスメディアの主張は平行線をたどることとなり、デュー・プロセス（罪刑法定主義に基づく適正な手続き）を進める財務省に対して野党・マスメディアが一方的に攻撃するという状況が形成されました。

この攻撃の実態は明らかな**【人格攻撃 ad hominem】**であり、パワー・ハラスメントとモラル・ハラスメントを含むものでした。また、野党・マスメディアもより深刻なセクハラ問題を内部で抱えていたことから、この攻撃はダブル・スタンダードに基づく欺瞞に満ちたものであったと言えます。

本書においては、財務省・マスメディア（特にテレビ朝日）・野党の公式見解や発言を時系列に沿ってウォッチングし、この騒動の「起・承・転・結」をそれぞれ１～４章に分けて論評していきます。また序章には、セクハラに関する最低限の知識と世界的な動き（#MeToo運動他）について簡単にまとめてあります。

皆様のハラスメント一般に対する見識と日本の政界をとりまくドタバタの実態についての知識を深めることに本書が役立てば幸いです。

藤原かずえ

２０１８年９月吉日

目次

はじめに　3

序章　セクハラに関する最低限の知識と世界的な動き（#MeToo運動他）

第1章　財務省セクハラ騒動の発覚と飛び交う憶測

第2章　テレビ朝日の会見と疑惑の深層

第4章　財務省セクハラ騒動から見えてきたもの

※本文で引用しておりますツイッターの文言は、原文ママにしております。
※テレビなどでの発言に関しては、「です・ます」調を「だ・である」調に統一した上で正確に記しておりますが、文法的におかしいところは適時修正しております。

序章

セクハラに関する最低限の知識と世界的な動き

（♯MeToo運動他）

三文オペラ

「何で腕を組んでいるんですか！」
「何でスクラム組むんですか！」

緊張感を持った声が財務省の廊下に響いた……。

強大な権力を持つ財務事務次官が犯したセクハラに抗議するため、悪の巣窟である財務省に乗り込んだ勇気ある女性議員たち。抗議の意味を表す黒い服に身を包み、手には正義の「#Me Too」のプラカードを掲げている。

大臣官房長にセクハラの抗議の書簡を渡すために、決意をもって廊下をゆっくりと進んでいく。そして悪の中枢へとつながるエレベーターホールに差し掛かると、彼女たちの眼に異様な風景が飛び込んできた。彼女たちの行く手には、一列に腕を組んで彼女たちの前進を阻む男性警備員たちが立ちはだかっているではないか。彼女たちの動きを察知した強大な権力組織が、事前に手を回したのだ。

女性議員たちは警備員に抗議するも、彼らは無言で決して動こうとしない。残念ながら腕力では勝てない。そこに悪の手下である地方課の男性職員が現れる。

「官房長の代わりに私が書簡を受け取ります」

地方課は陳情を扱う部署に過ぎない。セクハラを認めない財務事務次官、セクハラを認めない財務省、セクハラを認めない麻生大臣、そしてセクハラを認めない安倍政権に我慢ができない彼女たちは、直接大臣官房長に会って抗議の意思を伝えなければならないのだ、

「あなたが代わりなんかできるわけないでしょ」

「官房長はセクハラの意識が高いと言ったんでしょ」

「そうですよ。自ら出てきてくださいよ」

40分ほどの押し問答の末、彼女たちの願いはかなわず、結局エレベーターホール前で申し入れ書を手渡すにとどまった。か弱い女性の力では強固なバリケードを崩すことはできず、強大な権力に1ミリも近づくこともできなかった。財務事務次官は彼女たちの小さな反抗をあざ笑っていることだろう。だが、彼女たちは負けるわけにはいかない。

彼女たちは決してひるむことなく自由の声を上げる。

……といったような、マスメディア制作による野党議員が監督・脚本・主演を務める勧善懲悪の三文ドラマを、2018年春、日本国民は繰り返し見せられることになりました（笑）。

立法府の野党議員たちが行ったことは、行政府である財務省に乗り込み、プラカードを掲げて練り歩くという、まさに「デモ」でした。当然のことながら、野党議員が財務省に抗議をするのであれば、文書を作成した上でそれをEメールで送付すれば済むことであり、その内容を国民に周知したいのであれば、記者会見を開けば済むことです。野党議員は、それをマスメディアと結託してドラマ仕立てに演出し、議員個人の自己宣伝を行ったわけです。

極めて奇妙なことに、財務省前の道を「#Me Too」のプラカードを持ちながら、まるでテレビドラマ『Gメン'75』の刑事たちのように整列して進む女性議員たちの姿を、マスメディアのカメラは真正面から捉えていました。

マスメディアがこのような映像を撮影するには、女性議員たちが財務省へ向かって歩むコースを事前に把握しておく必要があったはずです。案の定、メディアスクラムのカメラクルーは、抜け駆けすることなく、ベストポジションできちんと整列して、彼女たちの登場を待っていたことが判明しています。

そして財務省の建物の中では、別の撮影クルーが彼女たちを待ち構えていました。まさにマラソン中継で選手がスタジアムに入った瞬間にカメラが切り替わるのと同様です。建物内では、懐かしの水曜スペシャル『川口探検隊』の映像のように、先行するカメラが後ずさりしながら彼女たちの行進を撮影しました。

行政機関である財務省の建物内において、プラカードを振りかざした活動家集団と化している女性議員たちが勝手に練り歩き、矢野康治官房長の執務室に向かうというのも職権の濫用であり、警備員が制止するのも合理的なことでした。言論で物事を解決すべき国会議員が、行政府内で職員を恫喝すると同時に、秩序を混乱させるようなデモンストレーションを行うなど言語道断です。

ちなみに、この時に財務省・矢野官房長は官邸で女性職員活躍ワークバランス推進協議会に出席していました。つまり、女性議員たちは官房長の不在の可能性を承知しながらアポなしで訪問し、自分たちが戦っている姿を演出するために官房長の執務室を目指す――という不合理な行動をしていたのです。

4月20日、野党が18日間にわたる国会の審議拒否を始めた日でした。野党議員たちは国会をサボって自己PRをしていたわけです。

■ここでセクハラについてちょっとだけ勉強しておきましょう

まずここで、本書で取り上げるセクハラ問題を考える上でどうしても知っておく必要がある**【セクシュアル・ハラスメント／セクハラ／性的嫌がらせ sexual harassment】**に関する基礎知識について必要最小限に説明したいと思います。セクハラについてよくご存じの方はど

うぞ #MeToo 運動の節まで読み飛ばして下さい。

ただし、一般的にセクハラの理解には誤解も多く、実際、日本の国会議員やマスメディアの議論を聞いていると、セクハラの定義についての誤解が極めて多いものです。特に「日本のセクハラの認識は世界の潮流から遅れている」と自信満々に他人を説教する人物に限って、世界の潮流とは離れた認識をしている傾向さえあります（笑）。

では、世界で最も一般的なセクハラの定義をご紹介しましょう。それは、**米国雇用機会均等委員会（EEOC）**というお役所が出しているガイドラインに示されています。

セクハラの定義（米国）：セクハラとは、性別を根拠にして人に嫌がらせをする違法行為である。嫌がらせの種類としては、文字通りの「性的嫌がらせ」、迷惑な口説き、偏愛的な要求、その他の性的欲求を満たすための言葉または身体を使った嫌がらせがある。必ずしも加害者の性的欲求に起因するものだけではなく、被害者の性別に対する口撃も含まれる。例えば、「女性一般」を誹謗することで「女性個人」に嫌がらせをすることも違法行為である。また、セクハラの加害者と被害者は必ずしも異性である必要はない。単純ないじめ、憎まれ口、単発的な小事などの軽微な嫌がらせまでを法的に禁じるものではないが、職場環境を不快にするような常習的な嫌がらせ、激しい嫌がらせ、人事を絡めた嫌がらせは違法行為として認定される。セクハラの加害者は、被害者の直接の上司、他の部署の上司、同僚、あるいはクライアントやカスタマーなどの社外の人間である可能性がある。

米国においてセクハラは、人種・皮膚の色・宗教・性別・母国による差別を禁じた1964年公民権法7条を犯す性差別と認識されています。セクハラの認定にあたっては、「被害者が迷惑と感じるか否か」という主観的な主張よりも、意識的であれ無意識であれ、加害者が性別を根拠にして「被害者が迷惑と感じる可能性が高いか否か」という大方の意見の一致が規準になります。

さらに、セクハラは被害者が受ける不利益のタイプによって「対価型」と「環境型」に分類されます。

対価型：セクハラに拒否反応を示した被害者が人事面で冷遇される
環境型：セクハラで就業環境が悪化し、仕事に支障が生じる

一方、欧州連合においては、「雇用における男女平等取扱の原則の実行に関する指令」の第2条で次のように定義されています。

セクハラの定義（欧州連合）：セクハラとは、特に威嚇的・敵対的・堕落的・屈辱的・攻撃的な環境を作ることで人間の尊厳を侵害する目的や効果を持つ言葉・動作・肉体などを使ったあらゆる形の性的な迷惑行為である。

欧州連合の「指令（council directive)」とは欧州連合の基本理念のことであり、加盟国はこの理念に沿った国内法を制定することが求められます。実際に加盟各国では独自の裁量に基づきセクハラに関する国内法が制定されています。

さて、日本においては、厚生労働省が、男女雇用機会均等法において、次のようにセクハラを定義しています。

セクハラの定義（日本）：職場におけるセクハラは、「職場」において行われる、「労働者」の意に反する「性的な言動」に対する労働者の対応により労働条件について不利益を受けたり、「性的な言動」により就業環境が害されたりすることである。職場におけるセクハラには、同性に対するものも含まれる。

ここで「職場」とは、仕事を行うすべての場所を指し、会社以外の場所も「職場」に含まれます。勤務時間外の「宴会」などであっても、仕事の延長と考えられるものは「職場」に該当します。また、「労働者」には、正規労働者だけでなく、非正規労働者も含まれます。「性的な言動」とは、性的な内容の発言および性的な行動を指します。

事業主、上司、同僚に限らず、取引先、顧客、患者、学校における生徒などもセクハラの加害者となることがありますし、女性から女性へのセクハラや男性から男性へのセクハラも考えられます。

このような定義の中で、セクハラの認定にあたっては、次のような判断基準が設定されています。

セクハラの判断基準（日本）：セクハラの状況は多様であり、判断にあたっては個別の状況を考慮する必要がある。「労働者の意に反する性的な言動」および「就業環境を害される」の判断にあたっては、労働者の主観を重視しつつも、一定の客観性が必要である。一般的に、肉体的接触を伴うセクハラを一回でも行えば、就業環境を害したと認定される。継続性または繰り返しが要件とされる行為であっても、「明確に抗議しているにもかかわらず放置された状態」または「心身に重大な影響を受けていることが明らかな場合」には、就業環境を害したと判断される。また、セクハラには男女の認識の違いがあり、被害者が女性の場合には「平均的な女性労働者の感じ方」を基準とし、被害者が男性の場合には「平均的な男性労働者の感じ方」を基準とする。

重要なことは、日本の判断基準においても、**「被害者個人が迷惑と感じたか否か」ではなく、「平均的な労働者が迷惑と感じる可能性がある嫌がらせ行為を加害者が行っているか否か」**が問われることになります。野党やマスメディアが主張しているような**「被害者が望まない行為のすべてがセクハラである」**というのは俗説です。

■セカンド・ハラスメントって何?

心理学者のリー・マディガン氏とナンシー・ギャンブル氏は**【第二の暴行/セカンド・レイプ second rape】**という概念を提唱しました。これは肉体的な性的暴行の後に発生する精神的な暴行であり、性的暴行の被害者に対して壊滅的な打撃を与えることが多いと考えられています。

心理学者のレベッカ・キャンベル氏は、被害者に対する精神治療の経験から、性的暴行の後に行われる医学的な検査、警察への通報、法廷での裁判といったプロセスが、被害者の精神を強く傷つけることになると指摘しています。つまり、医学的な検査を虚しく受けること、警察の事情聴取で思い出したくない記憶を想い起こすこと、裁判で立証に伴う心的ストレスを受けることや好奇の目にさらされること、社会から疑義を受けたり人格を評価されたりすることなどによって、さらなる心的外傷を負う可能性があるというものです。

このセカンド・レイプはセクハラ被害者にも適用される概念であり、特に社会から受ける疑義や人格の評価は**【セカンド・ハラスメント second harassment】**という言葉で表現されています。例えば、「本当にセクハラがあったのか」「自分に隙があったからセクハラを受けたのではないか」「自分から挑発したのではないか」「なぜ逃げなかったのか」などが典型的な例です。

当然のことながら、セクハラの有無やセクハラの回避可能性の立証責任は被害者にありますが、事情を把握していない第三者が軽々しく疑義や人格の評価を表明することは厳に慎む必要があります。事実は原告と被疑者およびその関係者が司法を通して明らかにすれば済むことであり、第三者が不当に関与しなければセカンド・ハラスメントは発生しません。

本書においても、セクハラ行為の被害者に対する疑義や評価については排除することを基本にします。

■セクハラに伴う懲罰

セクハラに関連する法律には、（1）刑法、（2）民法、（3）男女雇用機会均等法、（4）労働契約法があります。

まず（１）**刑法**は、セクハラ行為に対して刑事罰を与えるものであり、肉体的な行為については強姦・強制わいせつ、精神的な行為については名誉毀損があります。

次に（２）**民法**では、加害者には人格権の侵害・働きやすい職場環境で働く権利の侵害（民法７０９条）が、使用者には使用者責任（民法７１５条）・職場環境調整義務違反（民法４１５条）が適用される可能性があります。

職場においてもっとも一般的に適用される法律が（３）**男女雇用機会均等法**の11条です。

> 男女雇用機会均等法第11条　事業主は、職場において行われる性的な言動に対するその雇用する労働者の対応により当該労働者がその労働条件につき不利益を受け、又は当該性的な言動により当該労働者の就業環境が害されることのないよう当該労働者からの相談に応じ適切に対応するために必要な体制の整備その他の雇用管理上必要な措置を講じなければならない。
>
> ２　厚生労働大臣は、前項の規定に基づき事業主が講ずべき措置に関して、その適切かつ有効な実施を図るために必要な指針を定めるものとする。

つまり、セクハラを防止する責任は事業主（使用者）にあり、セクハラが発生した場合には、セクハラの加害者と同様に事業主にも損害賠償責任が発生するということです。このため、多くの企業ではセクハラに対するより厳格な規範を作成し、研修を通して労働者に周知・徹底することで防止対策を行っています。また、セクハラ発生時には、被害者を救済すると同時に、行為者に制裁を与える行動メカニズムを設定しています。

以上が、セクハラに関する最低限の基礎知識ですが、これらの知識さえ持っていれば、今回の財務省セクハラ騒動を含めた多くのセクハラ問題に対して、おおむね適正な評価が可能になると思います。

■ #MeToo運動

さて、ここからはセクハラに関連する最近の世界の動向について簡単に紹介しておきましょう。冒頭で紹介した財務省に乗り込んだ女性議員のプラカードに書かれていた **「#Me Too」** とは、米国で発祥したセクハラと性暴力に反対する一つの社会運動の名前です。

２０１７年10月5日、『ニューヨーク・タイムズ』は、大物映画プロデューサーの**ハーヴィー・ワインスティーン**氏（「ワインスタイン」とも表記されます）が女優を含む何人もの女性に対して長年にわたってセクハラを行っていたことを報じました。また同時期に、雑誌『ニューヨーカー』は、ワインスティーン氏からセクハラを受けたとする13人の女性からの証言を報じました。同誌によれば、人気女優のグウィネス・パルトロウ氏やアンジェリーナ・ジョリー氏もワインスティーン氏に迫られた経験があるとしています。
「歌手の○○は身体と引き換えに芸能界にデヴューした」「女優の△△は大物俳優××の愛人になって役を手に入れた」といった枕営業の物語は、古くから映画やテレビドラマの定番であり、世界共通の都市伝説といえるものでした。しかし、そんな枕営業を強制するステレオタイプのスキャンダルが実際に確認されたのですから、大きな話題にならないわけがありません。米国のメインストリームメディアは競って続報を報じ、全米はこの話題で持ちきりになったのです。
そんな中、10月15日に女優の**アリッサ・ミラノ**氏がツイッターで次のような呼びかけを行いました。

If you've been sexually harassed or assaulted write 'me too' as a reply to this tweet.
(もしもあなたがセクハラや暴行を受けたことがあったら、「私も」と書いてこのツイートに返信して下さい)

Me too...Suggested by a friend: "if all the women who have been sexually harassed or assalulted wrote "Me too" as a status, we might give people a sense of the magnitude of the problem"（「私も」……友人からの提案です。もしも過去にセクハラや暴行を受けたことがあるすべての女性が「私も」と表明したら、問題が深刻であることを多くの人たちに知らせることができるかも）

このミラノ氏のツイートは、SNS（ソーシャル・ネットワーク・サーヴィス）を通して口コミで急速に広がっていきました。

さらにミラノ氏は、意識向上キャンペーンの一環として、ハッシュタグ「#MeToo」の普及を促したところ、多くの著名人が次々とセクハラの告発をはじめました（ハッシュタグとはSNSにおいて、キーワードとなる言葉の直前に「#」マークを付けて投稿することで、そのキーワードによる検索を容易にするものです）。この結果、#MeToo運動は大きな社会現象となり、全世界に認知されることになります。

著名で権力を持った男性のセクハラ行為を訴え出る世界的な潮流は、**【ワインスティーン効果 Weinstein effect】**と呼ばれ、エンタメ界・マスメディア界・政界の著名人がセクハラを告発されて職を解かれるというケースが続発しました。

ミラノ氏は、#MeToo運動の目標は、セクハラや暴行を取り巻く法律の改正にあるとして、例えば職場における労使の契約条項の改正に向かって活動を行っています。

■Time's Up運動

#MeToo運動とワインスティーン効果によりセクハラに反対する運動の機運が高まる中、新たに立ち上がったのが**「Time's Up運動」**です。この運動は、米国農業労働者同盟（Alianza de Campesinas）の呼びかけにハリウッドの著名人が呼応したものであり、２０１８年１月１日に『ニューヨーク・タイムズ』紙上で活動内容が発表されました。

「Time's Up」とは「時間切れです」「もうお終いです」という意味であり、各種取り組みによってセクハラに終止符を打つことが運動の目的です。あらゆる女性のためにエンタメ界の女性が変化を呼びかけ、「差別・ハラスメント・職権乱用にこれ以上沈黙しない、待たない、我慢しない」をスローガンに、職場にある系統的な不平等と不公正を打ち破ることを目指しています。

２０１８年１月７日の第75回ゴールデングローブ賞では、会場入りした映画界の著名人たちのほとんどが黒い服を着てセクハラに抗議を行いました。また同様に、第60回グラミー賞では、黒い服を着た多くの女性ミュージシャンがTime's Up運動への参加を表明しました。

Time's Up運動は、多くの称賛がある一方、外部から多くの批判も受けています。その批判には、運動と呼びかけ人の「偽善」に関連したものが多く、中には「多くの一般女性の利益を代表しているわけではない裕福な著名人がチャリティー文化を楽しんでいるだけ」という辛辣な批判もあります。

確かにゴールデングローブ賞ではほぼすべての著名人が黒を着ていましたが、抗議の黒を示すというよりは、むしろ黒をベースとする高級ファッションのコンペティションといえなくもない盛り上がりぶりでした。

ゴールデングローブ賞のレッドカーペットを、カラフルなドレスを着用して歩いたバーバラ・マイヤー氏は確信犯的に黒服を回避した一人です。マイヤー氏は、自身のインスタグラムを通して、「権利を勝ち取るために強くなりたいのであれば、セクシーなドレスを着るのをやめたり、ファッションを通して個性を見せる喜びを我慢したりするのは間違っていると思います。私たちは自分が着たい服を着る自由のために長いこと闘ってきました。自分をコントロールできない男性がいるからと言って私たちが自主規制したら、それは後戻りでしかありません。私たちは黒を着る必要はありません。アメリカの女性はカラフルに輝くべきです。これは私たちの自由と強さの象徴なのです。ただ、はっきりしておきたいのは、過去に嫌なことがいっぱい起こったことと、それを再び起こすべきではないということです」と表明しています。

■カトリーヌ・ドヌーヴの反論

このように#MeToo運動とTime's Up運動が盛り上がる中、フランスでは学者・作家らが中心となって「口説く自由」を主張する書簡を『ル・モンド』紙に寄稿しました。この書簡の内容に賛同する100名のリストの中にはフランスの大女優**カトリーヌ・ドヌーヴ**氏の名前があり、大きな注目を集めることになります。

「レイプ」は犯罪ですが、「口説き」は、たとえそれがしつこく不器用なものであっても犯罪ではありません。私たちは、ハーヴィー・ワインスティーンのスキャンダルを契機に、権力を濫用する人物から女性が性的な暴力を受けていることを認識しました。確かにこれは必要なことでしたが、これらの解放を求める声は今や行き過ぎています。女性たちは社会規範的な意見だけを言わされ、異見は沈黙を強いられます。すなわち、社会規範的な意見に同調しない女性は「裏切り者」や「共犯者」と認定されるのです。これは、かつての魔女狩りの時代に存在していた**【ピューリタニズム／潔癖主義 Puritanism】**に他なりません。女性の解放と保護を勝ちとるという大義名分の下に、女性たちを永遠の犠牲者という隷属的なステイタスに追いやり、男尊女卑を主張する悪魔の無防備な餌食にするものです。

この書簡で女性たちは、セクハラを糾弾する一方で、その行き過ぎに警鐘を鳴らしています。ほどなく、カトリーヌ・ドヌーヴ氏は『リベラシオン』紙に寄稿し、『ル・モンド』紙に掲載した書簡を攻撃と受け取って傷ついたセクハラ被害者がいたとすれば謝罪する」と表明しました。しかしながら、「自由を守り、群集心理に不快感を表し、芸術を粛正する危険性に光を当てた書簡自体には謝罪しない」という意向を同時に示しています。ドヌーヴ氏はあくまでもピューリタニズムに反対しているのです。

男女の出逢いに寛容であるヨーロッパのラテンの国々には口説き文化が根付いていて、英国のピューリタニズムを継承する米国の倫理とは一線を画しています。またフランスにおける告発運動に使われたハッシュタグは「#MeToo」(私も)ではなく、「#BalanceTonPorc」(豚を告発しろ)という過激なものでした。

その意味で、運動の行き過ぎに警鐘を鳴らす書簡は出るべくして出た異見であるといえます。

■日米のセクハラ意識

ここで、#MeToo 運動と Time's Up 運動の背景として、米国におけるセクハラに対する意識がどの程度であるかを簡単に説明しておきましょう。

米国はセクハラ対策の先進国といえます。米国の多くの管理職の男性は、毎日接している女性秘書に子供がいるかいないかを知らないのはもちろんのこと、結婚しているかいないのかも知らないのが普通です。これは、米国のセクハラ行為に対する法的措置は非常に厳格であり、「配偶者」や「子息」の有無について聞くこと自体がセクハラ行為として認定され、多大なる社会的・経済的損失を伴うためです。

米国のセクハラ行為に対する法的厳格性を知る上で大いに参考になる例があります。それは、北米トヨタ自動車に現地採用された日本人女性秘書がトヨタ自動車本社および北米トヨタの日本人社長を相手取って起こした損害賠償請求訴訟です。

この訴訟で女性秘書が賠償の根拠としたセクハラ行為とは、出張先のワシントンDCのホテルで社長が女性秘書を部屋に呼んで抱きつこうとしたこと、またNYのセントラルパークで体をつかまれたことなどです。

女性が適切な回避行動を行ったことで被害が比較的軽微に終わったことは幸いでしたが、トヨタ側に請求された損害賠償額は天文学的な数字に上りました。女性秘書は、なんと総額1億9000万ドル（約200億円）を請求したのです。トヨタ側は和解金を支払うことで事件を終結しましたが、その金額は明らかにされていません。

このように企業経営に致命的な影響を与えかねないセクハラを防止するため、米国企業では、「セクハラ防止レクチャー（Sexual harassment Prevention Training）」が徹底されています。

例えば、カリフォルニア州では、従業員50人以上の企業の管理職には、2年に1度、2時間のセクハラ防止のレクチャーを受講することが義務付けられています。もちろんこの講習は、日本企業の現地法人にも適用されています。

このセクハラ防止レクチャーによって、米国で働く多くの人々はセクハラ行為の重大性を強く認識することになります。もちろん、その認識には「配偶者や子息の有無を同僚の異性に訊《き》いてはいけない」といった禁止事項を含みます。そして、このような徹底したセクハラ教育が義務化され、高いハードルの罰則が設定されている国の国民やメディアがバーンスティーン氏のセクハラ行為に対してどんな反応を示すかは容易に想像がつくことです。

一方で、日本はセクハラに対して寛容な国といえます。「寛容」といっても、肉体的な接触をしたり卑猥な言葉を投げかけたりする典型的なセクハラ行為に寛容なわけではありません。むしろ日本はディテールな部分にナイーヴなのです。

例えば、日本のワイドショーは「このようなセクハラ行為は世界に笑われる」を合言葉にヒステリックにセクハラの被疑者を糾弾する一方で、必ずといってもいいほど、テレビなどではセクハラの被疑者の家族構成を躊躇なく報じます。この行為は「世界に笑われる」セクハラ行為に他なりません。

以前、東京都議会で演説する女性議員に対して「早く結婚したほうがいい」と男性議員がヤジを飛ばしました。これは性別で他者を差別する立派なセクハラ行為なので世間から批判されても仕方がありません。

ただ、見過ごすことができないのは、この男性議員のセクハラ行為の謝罪会見の場で、ある女性記者がこの男性議員に対して結婚の有無と子供の有無を訊き、ヒステリックに糾弾したことです。これも立派なセクハラ行為に他なりません。

さらに、ワイドショーでこの男性議員をヒステリックに糾弾していた女性コメンテイターが、同番組の男性のコメンテイターに対して「○○さん、奥さんいないですよね。そこからですよね。まずは」なる発言で冷やかしを入れ、続いて同番組の司会者が「答えにくい話だ。また眠れなくなっちゃうぞ」とさらに畳みかけました。これも悪質なセクハラ行為以外の何ものでもありません。

このように、日本のテレビ報道では、セクハラに対してヒステリックに糾弾している人物自体がまったくセクハラに対する意識がない場面が散見されます。ただ攻撃しやすいスケープゴートを設定し、浅い知識に基づく勝手な価値観で糾弾しているに過ぎません。このような番組作りは社会を混乱させ、本質的な問題解決を阻害するアンフェアな倫理を醸成してしまう可能性があります。

■女性の敵は誰なのか？

ここまで、セクハラに関する最近の世界の動向について簡単に紹介してきました。#MeToo運動とTime's Up運動の基本的な趣旨については、社会に利益をもたらすと考えられますが、カトリーヌ・ドヌーヴ氏が危惧したように、その行き過ぎにも注意する必要があるでしょう。

例えば「各個人は配偶者や子息の有無を同僚の異性に訊いてはいけない」という自由を拒否するようなセクハラ認識は、「各個人は配偶者や子息の有無を同僚の異性から訊かれても答えなくてよい」という自由を許容するセクハラ認識に変えたほうが合理的です。前者の認識では、セクハラ回避のために恋愛の自由まで束縛されてしまいます。

ただ、本当に危惧すべき点としては、セクハラ撲滅運動が自己アピールの材料や、**敵対勢力を悪者視するための目的として利用され、本来の趣旨からかけ離れていくことです。**

例えば、財務省でデモ行為を行った野党議員は、#MeToo運動とは関係のない黒の着衣に身を包み（Time's Up運動と混合）、言論での対抗とは無縁かつ不必要なプラカードを振りかざし、自己アピールのためだけに公共の施設の秩序をいたずらに混乱させました。これはセクハラの政治利用に他なりません。

本書においては、財務省セクハラ事案をケーススタディとして、女性の社会進出において重要なポイントとなる「セクハラの抑止」という本来のアジェンダが、事案の関係者および第三者によって次第に歪められていき、その結果、何の結論も得られないままに関心が薄れてしまった状況について深掘りして考えてみたいと思います。

最近の日本社会においては、社会システムに何かしらの欠点や不祥事があると、野党とマスメディアがそれを政治利用し、政権のスケープゴートとなりうる人物をヒステリックに人格攻撃した上で、最終的に政権の責任を追及するというパターンが定着しています。不祥事という一定期間有効な「無敵の追及カード」を手にした野党とマスメディアは、追及に不都合なすべての反論をタブー化し、反論者を徹底的に悪者扱いします。

しかしながら、その追及が無理筋であることを国民が次第に理解してくると、すべてを放ったらかしにして次の問題に移っていきます。**今回のセクハラ騒動は、このような最近の日本社会を取り巻く無責任な問題の矮小化の典型例といえるでしょう。**

本書では、このセクハラ騒動を時系列に沿って論理的に分析していきます。

まず1章では、財務省セクハラ騒動の発覚とその騒動に群がった政治家やマスメディアの発言を眺めていきます。「セクハラ問題」という無敵の追及カードを手にした野党とマスメディアは、疑惑の当事者だけでなく、財務大臣と財務官僚を次々と悪者視していきました。

2章では、テレビ朝日の会見から野党議員の財務省内デモまで、このセクハラ騒動の深層と政治利用について分析していきます。テレビ朝日の会見と関係者のリークにより、今回のセクハラを取り巻く誘因が次第に明らかとなりました。また、野党は政治攻勢を強め、黒服にプラカードを持って財務省内を練り歩き、マスメディアに撮影させました。

3章では、セクハラ騒動でヒステリックに財務省を糾弾した野党とマスメディアこそが、実はセクハラを含むハラスメントの加害者であるというダブルスタンダードを中心にその偽善を追及します。

そして4章では、このセクハラ騒動は最終的に何であったのか、包括的に論評したいと思います。

第1章

財務省
セクハラ騒動の
発覚と
飛び交う憶測

財務省セクハラ騒動を振り返る

財務省の福田淳一事務次官がテレビ朝日の女性記者をはじめとするマスメディアの女性記者に対してセクシュアル・ハラスメントを行っていたとされる「財務次官セクハラ疑惑」。官僚の中でもトップ中のトップとされる「財務次官の地位」と、その発せられたとされる「低俗極まりない言葉」のギャップから、大衆に大きく注目された事案であったといえます。

本章では、まずその疑惑の発覚から大騒ぎに至るまでの経過について、時系列を追って分析していきたいと思います。

■セクハラ疑惑発覚直前の政治状況

年度末も迫る２０１８年3月27日、森友学園事案に関連した財務省決裁文書の改ざんをめぐり、佐川宣寿前国税庁長官の国会証人喚問が行われました。新たな証拠を持ち合わせていなかった野党は追及の決め手を欠き、「疑惑はさらに深まった」と捨て台詞を残すにとどまりました。

翌28日には、参議院本会議で平成30年度予算が可決し、政治がやや平穏を取り戻す兆しが見えたのもつかの間、4月10日に朝日新聞がいわゆる「愛媛県文書」の存在を報じました。

「本件は、首相案件」と首相秘書官　加計めぐり面会記録（朝日新聞）

学校法人「加計学園」が愛媛県今治市に獣医学部を新設する計画について、２０１５年４月、愛媛県や今治市の職員、学園幹部が柳瀬唯夫首相秘書官（当時）らと面会した際に愛媛県が作成したとされる記録文書が存在することがわかった。柳瀬氏が面会で「本件は、首相案件」と述べたと記されている。

最近の日本の**【メインストリーム・メディア mainstream media: MSM】**は、政府の案件に関わる小さな出来事を疑惑たっぷりに大々的に報じ、大衆に政府を疑わせることで話題をつくっています。このような**【センセーショナリズム sensationalism】**の一つの集合体が「モリカケ問題」と呼ばれるものであり、森友学園問題・加計学園問題のうち、一方の話題が大衆に飽きられるともう一方の小ネタを出して関心を引くという「波状攻撃」よって、１年以上もネタをもたせているといえます。

さらに、波状攻撃だけでなく、攻め時と見るとありとあらゆるネガティヴなネタのリソースを一気に放出して、政権を潰しにかかる「パワープレイ」も一つの特徴です。その典型的な例としては、小池旋風が吹き荒れた２０１７年７月の都議選前のタイミングにおける政府に対する大バッシングを挙げることができます。

それまでにもあったモリカケに加えて、「防衛省日報問題」「豊田真由子議員の秘書暴行問題」「下村博文元文科大臣の加計学園献金疑惑」「金子恵美総務政務官の公用車不正使用疑惑」などの一連のスキャンダル報道が世間を騒がせました。

このような意味において、2018年4月中旬も野党とマスメディアによるモリカケの波状攻撃とスキャンダルを併せたパワープレイが行われていたといえます。具体的には、「財務省決裁文書改ざん問題（森友学園）」「首相案件疑惑（加計学園）」を軸として、「働き方改革虚偽データ疑惑」「文科省教育現場不当介入問題」といった各事案に対する野党合同ヒアリングが連日のように開催され、本省の官僚が連日つるし上げられていました。

そんな中、4月11日から野党とマスメディアの新たな政府追及のネタとなったのが、財務省・福田淳一事務次官がセクハラを行っていたとされる「財務次官セクハラ疑惑」でした。

■デイリー新潮（4月11日）

4月11日、翌日発売の『週刊新潮』（2018年4月19日号）に財務省・福田淳一事務次官のセクハラ発言が掲載されることが判明しました。株式会社新潮社が運営するウェブサイトの『デイリー新潮』には、次のような記事の予告がアップロードされ、その内容をヤフーニュースが報じたのです。

女性記者に「胸触っていい？」「浮気しよう」
財務省トップがセクハラ発言（デイリー新潮）

森友問題の収拾に追われる財務省に、トップの信じ難い醜聞が持ち上がった。福田淳一事務次官（58）が繰り返していたセクハラ発言の数々――。（中略）福田次官の〝セクハラ体質〟については複数の被害者からの証言が寄せられていて、

「〝彼氏はいるの？〟と聞かれたので1年ほど付き合っている人がいると答えると、〝どのくらいセックスしてるのか？〟と聞かれ、相手が電通マンだと知ると、〝それはお前、遊んで捨てられるぞ〟と暴言を吐かれました」（大手紙記者）

「〝キスしていい？〟は当たり前。〝ホテル行こう〟って言われた女の記者だっている」（別の大手紙記者）

記者にとってみれば、財務事務次官は貴重な情報源。福田次官の振る舞いは、自身の立場を利用した、セクシャル・ハラスメントに他ならない。さらに、以下のような会話も。

福田：胸触っていい？

記者：ダメですよ。

福田：手しばっていい？

記者：そういうことホントやめてください。

あるいは、森友問題にまつわる〝真面目な〟やりとりの最中でも……。

記者：昭恵さんの名前あったからじゃないですか？

福田：デリケートな話なんだよ。それは直接関係ないと思うけど……。

記者：はい。

福田：おっぱい触っていい？

こうした発言について、福田次官を直撃すると、「何を失礼なことを言っているんだ。誰がそんなこと言っているんだよ！」「ふざけんなよ」と全否定。4月12日発売の「週刊新潮」では、福田次官の振る舞いの詳細を掲載する。

このセンセーショナルな予告はインターネット上で広まり、多くのネットユーザーの知るところとなりました。『週刊文春』もそうですが、『週刊新潮』は発売直前にインターネットで主要記事の内容を予告することによって事前に話題化して購買意欲を高めるというビジネスモデルを展開しています。例えば、『週刊文春』の「山尾志桜里議員不倫疑惑」は、まさにその目論見通りの成功事例であったといえるでしょう。

ちなみに「山尾志桜里議員不倫疑惑」報道は、山尾議員の対人魅力にだまされて支持していた有権者にとっては有益でしたが、言論と人格を切り離すという論理の基本を理解している有権者にとっては無意味な騒動でありました。つまり、山尾議員の不倫の有無と山尾議員の言論とは別物であり、この報道を根拠にして山尾議員の言論を否定するのは、明らかに非論理的な**【人格攻撃 ad hominem】**です。

その一方で、政敵の自民党に属する議員の不倫をヒステリックに批判していながら、自身が不倫認定される要件を満たした行動を行ったという**【二重規範／ダブルスタンダード double standard】**を根拠にして、彼女の倫理を否定することは論理的です。言論と人格とは常に分けて考える必要があります。

このようなコンテクストからすれば、『週刊新潮』の「財務次官セクハラ疑惑」は、セクハラという人類共通の社会問題について踏み込んだ「情報」を提供したという点で、非常に有意義であったといえます。

ただし、ここで留意しなければならないのは「情報が提供されたこと」と「福田次官がセクハラを犯したこと」は本質的に異なるという点です。情報がなければ不正行為には気が付きませんでしたが、その情報を無批判に解釈してしまうと、人間を不公正に断罪することにつながってしまいます。

さて、この時の会話の内容が実際にセクハラに当たるのかどうか。この会話が福田次官と女性記者との間で実際に交わされていたとすれば、平均的な女性労働者が迷惑と感じる可能性がある「嫌がらせ行為」を福田次官が行っていることは自明です。

そのため、被害女性記者が「この会話はセクハラ行為ではない」ということを特別に認めない限り、男女雇用機会均等法により福田次官がセクハラ認定される可能性は極めて高いものと考えられます。

■週刊新潮（4月12日）

4月12日、予告通りの内容が詳細に記述された『週刊新潮』（2018年4月19日号）が発売されました。記事では、福田次官から「言葉のセクハラ」を受けたとする複数の女性記者の証言が匿名で紹介されていますが、その中でも「30代のある女性記者」の証言が大きく紙面を割いて説明されています。

記者：福田さんはもう忙しくないですか？
福田：オレはやることがないから。
記者：財務省と森本学園どうなんですかね。
福田：今日はね、今日ね……抱きしめていい？
記者：ダメです。
福田：いいじゃん。
記者：福田さんは引責辞任はないですよね？
福田：もちろん辞めないよ〜。だから浮気しようね。
記者：今回の森友案件で、一番大変だったことって何ですか？
福田：いろいろ大変だったけど、これからがう○こだから。胸触っていい？
記者：ダメですよ。
福田：手縛っていい？
記者：そういうことホントやめて下さい。
福田：手しばられていい？　手しばられてお家行って「◎◎」（番組名）を見るかぁ……。
エロくないね、洋服。

記者：エロくない服で来ました。
福田：その前はエロい服だったの？
記者：パジャマでした。
福田：パジャマで来れば良かったのに。
記者：トラック何千台も使ってゴミ撤去した……。
福田：そうだな。しかしその程度は大したことじゃない。なんでそんなことしちゃったのかなぁ。それが問題なわけだよ。そもそも何で8億円値引きしたかったってことだよ。籠池がしつこかっただろうけど。
記者：昭恵さんの名前があったからじゃないですか？
福田：デリケートな話なんだよ。それは直接関係ないと思うけど……。
記者：はい。
福田：おっぱい触っていい？

『週刊新潮』は同時にYouTubeでセクハラの証拠とされる音源を公開しました。これは30代のある女性記者（以下「被害女性記者」）の証言の内容を含むものです。
先述したように、記事の会話がもし真実であったら、被害女性記者がその言葉を不快に感じてセクハラと捉えてもまったくおかしくありません。また、男性が下品な下ネタを乱発していることから、異常な性癖の持ち主でない限り、被害女性記者を口説いている可能性は低く、ありがちの冗談を言っているつもりの、悪意のない無意識なセクハラである可能性が高いと考えられます。

もちろん、他人の意図は解明しきれませんし、悪意のない無意識なセクハラであっても、平均的な女性労働者が迷惑と感じる可能性がある限り、それは立派なセクハラです。むしろ悪意のない無意識なセクハラを受けることは厄介な貧乏くじを引いたと等しく、被害女性記者が絶望的なシチュエーションに苦痛を感じていた可能性があります。

なお、この日に新潮社は会話の一部音源をデイリー新潮に公開しました。この音源に女性の声はなく、女性の発言はすべて字幕で表現されていました。そのため、本当に記事のような会話のやり取りがあったかについては不明です。ただし、録音されていた男性の声は福田次官の声と酷似しています。

■麻生大臣国会答弁（4月12日）

さて、『週刊新潮』の内容を確認した麻生太郎財務大臣は参議院財政金融委員会で野党議員の質問に答える形で次のような見解を述べました。

麻生大臣：報道があったことは承知している。本人が私のところへ来た。「普段から私的な立場においていろいろな相手といろいろな会話をしている。そのひとつひとつのやりとりは定かではない。記事においては正確な日時および相手方が必ずしも明らかでないので確認しようもない。いずれにしても誤解を受けることのないよう気をつけて参りたい」という話だった。私は「今財務省が置かれている状況を考えて、緊張感をもって行動しなければいけない」という話をした。十分な反省があったと思っているのでそれ以上訊くつもりはない。訓戒を述べたことで十分だと思っている。

まず、この答弁からわかることは、少なくとも福田次官が誰かに対して『週刊新潮』の記事のような発言をした可能性があると認識している点です。発言の可能性がなければ、他者に反省する意思を伝える必要はないからです。麻生大臣も少なくともそのことには気づいていたと考えられます。

その上で麻生大臣は「それ以上訊くつもりはない」と発言しています。確かに本人に記憶がなく、報道された内容の真偽がはっきりしない以上、本人を聴取しても何も得ることはできません。ただ、『週刊新潮』が今後新たな情報を小出しすることは容易に想像がつくことから、麻生大臣は「新たな証拠が得られない限り、福田氏に新たに訊くつもりはない」と論理的に発言する必要があったのではないでしょうか。

麻生大臣が幕引きを考えていたかどうかは不明ですが、この発言は野党やマスメディアの格好の攻撃対象となりました。野党は一斉に反発しました。

■野党合同ヒアリング（4月12日）

国政調査権を使って行政をチェックすることは国会議員の重要な用務の一つであり、これをより精緻に行うために、国会議論の前に行政の公務員から情報を得る「ヒアリング」という機会が設けられます。現在野党の国会議員の数は与党と比べて少ないため、各党が合同してヒアリングを行っています。これを**「野党合同ヒアリング」**といいます。

ところが、最近この野党合同ヒアリングにはカメラが持ち込まれるようになり、情報収集の場というよりは、野党議員が行政を追及する姿を国民にアピールする場となっていて、反論する権限もない官僚を大声で罵倒するケースも多くなってきています。

この日の財務省に対する野党合同ヒアリングでは、希望の党の**柚木道義議員**（その後、国民民主党に参加。現無所属）が、セクハラ問題に関連して財務官僚をヒステリックに罵りました。

柚木議員（抜粋）：今度はメディアへのセクハラか。麻生大臣が調査も処分もしないと。

本当にこんなことでいいのか。揉み消すのか。私が調べている所では証拠はある。複数の証言。読むのもはばかられる。「キスしていい」「〇〇触っていい」実際抱き着いたりしている。こんなことやっているのか。森友事件の渦中に財務省のトップがこんなことをしているのか。セクハラ・パワハラ政権ではないか。注意できるのも財務相だけだ。その唯一調査ができる麻生大臣が調査も処分もしないと。どういうことなんだ。

【パワー・ハラスメント＝パワハラ】とは、同じ職場で働く者に対して、職務上の地位や人間関係などの職場内での優位性を背景に、業務の適正な範囲を超えて、精神的・身体的苦痛を与えたり、または職場環境を悪化させたりする行為を指す和製英語です。

柚木議員は、福田次官および麻生大臣の行動を根拠に、**【レトリカル・クエスチョン rhetorical question】**（反語的疑問）を連発して、福田次官および麻生大臣の「行動」に対する責任のない財務官僚を理不尽に罵っています。この行為は、国政調査権を持っているという職務上の地位による優位性を背景に、業務の適正な範囲を超えて、財務省の官僚に精神的苦痛を与えると同時に、職場環境を著しく悪化させる明確なパワハラ行為であるかと思います。

情報収集するわけでもなく官僚を厳しく叱責し続ける柚木議員にとって、野党合同ヒアリングは、政権を追及する姿を有権者に見せるアピールの場になっています。

ヒアリングの会場において、カメラが左側前方にあることを知っている柚木議員は、いつも司会の議員よりも右側の席に座ります。そして司会の議員が話すたびに一人そちらの方向を向くという行動を繰り返します。このとき司会の議員を捉えたカメラは、同時に柚木議員の顔を正面から捉えることになります。また、司会の対面には官僚の代表が座っているため、柚木議員が質問する度に、カメラは柚木議員の顔をしっかりと写すことになるわけです。

また、柚木議員は明らかにカメラを意識していて、頻繁にカメラ目線となります。どう見てもヒアリングの内容よりもカメラの位置のほうが気になっているようです。

なお、柚木議員は自分よりも左側に座る議員が発言する場合にもその方向に顔を向けますが、自分より右側に座る議員が発言する場合には決して顔を向けることはありません。これは、右側を向いて顔がカメラに写らなくなることを回避しているのでしょう。この徹底した行動は異様であり、会場でも一人目立つことになります。

さて、この野党合同ヒアリングで極めて興味深かったのは、野党席の最前列に、週刊誌で2種類のわいせつ疑惑を指摘されていた**立憲民主党の初鹿明博議員**が座っていたことです。

初鹿議員のわいせつ疑惑とは、〔1〕２０１６年12月に食事をした女性をラブホテルに連れ込もうとした疑惑（民進党在籍時発覚）と、〔2〕２０１５年5月にタクシーの車内で知人女性に強制的にわいせつ行為を働いたとする疑惑（立憲民主党在籍時発覚）です。

ちなみに〔1〕の事案は証拠写真もあり、初鹿議員も「ホテル行こうって、相手もいいって言ったからね」「女房とセックスなんてもうしてないからね。みんな奥さん以外に、はけ口求めていると思うよ」などと語ったとされています（『週刊新潮』）。

一方、〔2〕の疑惑については、タクシーの中で被害女性にキスを迫り、ズボンのチャックを下して女性の顔を強引に引き寄せたとの被害女性からの証言があります（『週刊文春』）。当然のことながら、福田次官の疑惑となっている言葉による迷惑行為とは違って、肉体的行為である無理矢理のキスや抱擁は明確なセクハラ行為であり、強制わいせつ罪にあたります。

このような行為は、それこそ2時間サスペンスドラマの定番ともいえるスケベな権力者の横暴そのものです。しかし、野党議員の疑惑はほとんどマスメディアで話題にされないため、この事案は、民進党・蓮舫代表と立憲民主党・枝野幸男代表の下、いずれも所属政党の役職停止という軽微な罰則をもってうやむやなままに幕引きが図られました。

考えるまでもなく、国民にとって追及の優先順位が高いのは、「わいせつな言葉を投げかけた可能性がある公務員」ではなく、「肉体的なわいせつ行為を強要した可能性がある国会議員」であることは間違いありません。しかしながら現実には、初鹿議員は厳しく疑惑を追及されることもなく、ノウノウと国会議員として生活を送っています。**その初鹿議員を問題視もしない野党の議員が「麻生大臣は調査も処分もしない」として官僚を罵っているのは欺瞞《ぎまん》に満ちています。**

ちなみに、この日の野党合同ヒアリングのテーマは「財務省森友文書改ざん問題」であり、セクハラ疑惑の追及は初鹿議員にとっては予想外の展開であったようです。セクハラ疑惑が話題に上ると初鹿議員は下を俯き、話の切れ目になるとそそくさと席を離れ退場してしまいました（笑）。

また、立憲民主党の辻元清美国会対策委員長は、この日のぶら下がり会見で次のように述べています。

辻元国対委員長：絶句だ。女をなめてるのって気になった。普通は更迭だ。

下品な言葉を使った口頭的行為の疑惑に対して絶句するのは理解できますが、強制わいせつ罪に問われかねない初鹿議員の肉体的行為の疑惑に対して無関心であることは理解できません。

■報道ステーション（4月12日）

テレビ朝日の報道番組『報道ステーション』は、早速このセクハラ疑惑を報じました。スタジオトークでは富川悠太アナとコメンテイターの後藤謙次氏との間で次のようなやり取りがありました。

富川アナ：麻生大臣は福田次官を処分しない。調査もしないということですね。

後藤氏：今日の動きを見ていても麻生大臣の一連の動きに対する感度の鈍さに呆れてしまう。セクハラの問題は世界的な潮流を見てもどれほど厳しい空気が支配しているかを敏感に察知して先手を打つというのが政治家、とりわけ副総理というリーダーのやるべき態度だ。しかも森友問題で国税庁長官という財務省№2が空席だ。その上のトップがこういう疑惑にまみれたということになれば、当然大臣とすれば人事権を行使するという場面だ。

ここでポイントは、後藤氏が「疑惑」が「事実」であることを前提にして麻生大臣に人事権を行使するよう言及していることです。これは、相手に不相当な罪悪感を持たせて不合理な要求を受け入れさせようとする**【罪悪感に訴える論証 appeal to guilt】**と呼ばれる誤謬《ごびゅう》です。後藤氏の無茶振りは、マッカーシズム、文化大革命、韓国の国民情緒法などに見られる反法治主義であり、明らかにセクハラを政治的に利用しています。

当然のことながら、大臣といえども、確固たる証拠なしに職員に対して人事権を行使することはできません。法治国家では、「疑惑」で人を裁くことはできないのです。

とはいえ、公務員のセクハラの防止等を規定している人事院規則10－10においては、省庁内の職員間のセクハラに関してのみ罰則の対象としており、外部に対する規定はありません。これは規則の不備に他ならず、早急に規則を改正することが求められます。

■羽鳥慎一モーニングショー（４月13日）

前日の４月12日の朝からテレビ各社は一斉に【メディア・スクラム media frenzy】を福田次官の自宅に送り込み、この日からその様子がワイドショーに流れ始めました。メディア・スクラムは、福田次官が自宅から出て車に乗り込むまで一斉にカメラとマイクを向けて質問を浴びせました。


「週刊誌の報道について事実関係をご説明願えないでしょうか？」

「次官、セクハラ発言はあったのですか？」

「記事が出たこと自体についてどうお考えですか？」

「ご記憶はありますか？」

「事実だとしたらご自身の進退について考えていらっしゃるんでしょうか？」

「財務省の信頼が揺らぐ事態が続いていますが、責任を感じていらっしゃいますか？」

投げかけても無駄な言葉を投げかけるだけ投げかけ、回答を拒否する姿をカメラで撮ることで、テレビ報道などをうのみにする情報弱者が不信感を持つように差し向ける**【魔女狩りwitch-hunt】**そのものです。

疑惑があるにしても、一人の公務員の自宅まで大量のメディア関係者が押しかけ、質問に答えずに歩く姿をカメラが撮り続けるという異様な行動は、人権侵害に他なりません。公務員に対する報道は国民の知る権利のためであり、人権侵害にはあたらないとマスメディアが主張するのであれば、より上位に位置する公務員（国会議員）でより重大な疑惑がある初鹿議員に対してなぜメディア・スクラムを送らなかったのか大きな疑問です。**しょせんは「報道」という名を利用した弱い者いじめに過ぎないのです。**

テレビ朝日の朝のワイドショー『羽鳥慎一モーニングショー』では、早速コメンテイターの吉永みちこ氏が福田次官を断罪しました。

吉永氏：今回この立場の人がこういう発言をしていて、これはパワハラでもある。私的な場面とはいえ記者を相手にしている。

羽鳥氏：セクハラもパワハラもある。

マスメディアの極めて大きな勘違いは、財務次官という職務上の地位がマスメディアに対して優位性を持っていると自信満々に錯覚していることです。記者が情報欲しさのために人事権もない外部の取材対象に対して優位性を感じるというのは、その時点で「ジャーナリズム」失格です。

これは、取材対象であるオウム教団に優位性を感じ、オウム教団のインタヴューをとるために坂本堤弁護士のインタヴューヴィデオをオウム教団に見せてしまったTBSと同じ大きな勘違いです。

■麻生大臣記者会見（4月13日）

この日、麻生大臣は、新潮社が新たな音源を公開したことを受けて、閣議後のぶら下がり会見で次のように回答しています。

記者：次官のセクハラについて、大臣は昨日の国会で「本人から報告をすでに受けていて、反省していた様子だ」と発言したが、それはセクハラ発言を本人が認めたということなのか、別に認めたわけではないが反省がうかがえたということか。

麻生大臣：あなたがどれくらい週刊誌を信じているのか知らないが、私ら書かれたほうから言うと、まずほとんど信じたことはない。書いてある話を見たら大体違うなと。他の人のことも大体似たようなものだろうと私は思っている。本人が言ってきたときも、その事実を全然聞いていなかったので、何のことかと思ったらその話をした。その後ゲラを見せられて読んだが、いつ誰がということは一切書いていないし、合成して作っている可能性が十分にあり得るという話がいくつか出ていた。でも、あの話が事実とするならば、セクハラという意味ではアウトですな。その点に関しては。あの種の話はまったく今の時代ではない。はっきりしていると思います。そのことに関して「あの種の話が今の状況の中で出てくること自体が緊張感を欠いていると非難を浴びることになる。こういったことはよくよく注意せないかん」という話はした。昨日も改めてもう1回呼んで言ったところだ。

記者：仮定の質問に答えづらいと思うが、仮に真実だったとすれば辞任があり得るか。

麻生大臣：今の段階で処分を考えているわけではない。

この会見における麻生大臣の発言の主旨は次の3点です。

（1）週刊誌報道は必ずしも信用できるものではない（帰納的推論）

（2）記事の内容が事実であったら完全にアウトである（演繹的推論）

（3）事実認定ができていない今の段階では処分を考えていない（演繹的推論）

これらの見解はいずれも公正で常識的なものですが、特に重要なのは（2）記事の内容が事実であったら完全にアウトであると明言している点です。

疑惑は事実と根拠もなく考えるマスメディアは、（1）（3）だけを強調して報じることで麻生大臣を人格攻撃しましたが、肝心の（2）についてはほとんど無視したといえるでしょう。この後、麻生大臣は財務省に対して事実を確認するための調査を指示したことを明らかにしました。

■野党女性議員の抗議（4月13日）

メディアの報道が高まりを見せる中、野党の女性議員20名で構成される「財務事務次官のセクハラ報道の真相と責任を求める超党派女性国会議員」が麻生財務大臣に対して「財務事務次官のセクシャルハラスメント報道に関する申し入れ」という書簡を渡し、問題への対応を求めました。

（前略）記事によれば従前から福田次官は自己の立場を利用し、女性記者を食事の場に呼びつけ、極めて性差別的な発言を繰り返したとされる。女性記者の取材の質問に対し、常に体の関係を強要するような会話をはさみながら対応するという詳細まで発表されたことからすれば、誤解のレベルではなく、明白な性的嫌がらせ行為である。

加えて、大臣の注意は、緊張感をもって行動するように、という的外れなものであり、自らの監督者としての責任が欠如していると言わざるを得ない。性差別的な発言、性的嫌がらせ行為は、緊張感をもって行動すればなくなるものではなく、そもそもこのような言動をする者を財務事務次官に任命し、今後も職務を継続させることは許されるものではない。

私たち超党派の女性国会議員は、福田次官のセクハラ発言、ならびに大臣の対応は、女性記者だけでなく女性一般に対する軽視であると考え、次の点を強く申入れ、対応を求める。

1．報道されたセクハラ行為の事実関係の調査と公表を速やかに行うこと

2．調査の結果、事実であることが判明した場合、福田淳一財務事務次官を更迭すること

野党の女性議員が麻生大臣に対して調査を申し入れたことは、事実を解明して問題を解決する上で有益でした。ただ、正確な事実認定もできていない段階で福田次官を断罪し、麻生大臣による一次対応を酷評するのはあまりにも軽率です。大臣には官僚の人事を行う職務権限があ

りますが、十分な調査をしないままに根拠なく性急に処分すれば、それこそ人権問題であり、許されるものではありません。

また、福田次官の発言と麻生大臣の対応に対して「女性記者だけでなく女性一般に対する軽視」というような**【軽率な概括 hasty generalization】**を行い、女性を中心とする大衆の**【ルサンチマン Ressentiment】**を引き出して政敵を**【悪魔化 demonization】**するのは、明らかにセクハラを政治利用した**【ポピュリズム populism】**です。

先述したように、初鹿議員のわいせつ事案に対してはまったく動かなかった女性議員たちが、公務員のセクハラ疑惑に対しては敏感に反応し、これほどの団結力を発揮するのは極めて奇異な行動といわざるを得ません。

さらにいうと、野党議員でセクハラが問題となっているのは前出の初鹿議員だけではありません。**立憲民主党の青山雅幸議員**（現在は党員資格停止処分中）は元秘書からセクハラを告発されています。

週刊文春：セクハラの被害にあったとされるのは今年夏まで秘書を務めていた20代半ばの山田麻美さん（仮名）。麻美さんに取材を申し込むと、「記憶だけでお話しするのは控えたい」とB5のキャンパスノートを持参し、青山氏から抱きしめられたり、キスを迫られたりするなど、数々の「セクハラ被害」を受けたと証言した。ノートには、日付、場所、感想など、青山氏からの「セクハラ被害」の詳細が約40ページにわたって綴られていた。（中略）青山氏は本誌の直撃取材に対し、「抱きついたり、キスを迫ったりしたことはない」とセクハラを否定した。枝野代表は「事実関係を詳細に承知していませんので、コメントできません」と回答した。

元秘書によれば、青山議員はハイハイをして迫ってきたり、「一緒にお風呂に行く?」「認めたくはないけど、好きになってる度合いが、多分増しているんだよね。」とメールを入れたりしたといいます。

非常に不可解なことに、このときセクハラに敏感なはずの野党女性議員はピクリとも動かず、しばらくして、立憲民主党が青山議員を無期限党員資格停止にするという処分をしたにとどまりました。

実は、この野党女性議員の申し入れの2日前の4月11日に、東海地方の無所属の女性地方議員たちが、青山議員の議員辞職を促すように求める署名を立憲民主党に対して提出しています。これに対し、立憲民主党ジェンダー平等推進本部長の西村智奈美衆院議員は、「党はすでに青山氏を処分した。また、被害者との間で二度と表にしないという和解が成立している。それ以上のことはできない」と対応を拒絶しました。**野党女性議員たちの「女性一般に対する軽視」という言葉には、ダブルスタンダードが存在しているのです。**

さらに、絶対に見過ごすことができないセクハラとして、2015年の安保法案の参議院委員会採決時に議場で行われた、民主党・津田弥太郎議員による自民党・大沼瑞穂議員に対する公然の暴力が挙げられます。委員長が裁決を始めると、委員長席とは遠く離れた位置にいた津田議員が大沼議員に突然襲いかかり、羽交い絞めにして引きずり回した挙句、壁に向けて彼女を投げ飛ばしたのです。

しかしながら、驚くべきことに、体力面で劣る女性議員に対する常軌を逸した公然たるこの暴力は、「院内の出来事である」という理由で民主党によって不問にされました。

当時の民主党・蓮舫議員は、この津田議員の女性に対する公然の暴力に対して、「我が方も殴られたり、見えていないところで女性議員が痣を負わされたり、あるいは私たちの仲間が大きな自民党の議員によって押し倒されて痣ができている」などと、委員長席付近での野党が仕掛けた混乱を理由に暴力を矮小化しました。

仮に「我がほう」が被害を受けているとしても、そのことを根拠に津田議員の暴行を帳消しにすることは、極めて非常識な人権侵害であり、**あからさまな「女性一般に対する軽視」に他なりません。**このような人物が、後に民進党の代表になり、現在も立憲民主党の副代表兼参院幹事長という職に就いていられることこそが、世界の非常識だといえるでしょう。

■羽鳥慎一モーニングショー（4月16日）

週が明け、テレビ朝日社員でワイドショーのコメンテイターである玉川徹氏が極めて興味深い発言を行っています。

玉川氏：もうひとつ僕は問題があると思っていて、何で『週刊新潮』だったのかなと思う。たぶんこれは記者クラブの記者だ。本当だったらそれはセクハラだというのは記者クラブの人間が一番わかっている。だけど、それを自分がメディアであるのに告発しなかったということだ。メディアでありながら。こういうことがよく行われたとすれば、しょっちゅうあったということだと思う。何でこれが『週刊新潮』なんだろうなと僕は疑問だ。

後のテレビ朝日の会見によれば、被害女性記者はテレビ朝日の社員であることが発覚しましたが、テレビ朝日が被害女性記者の存在を把握したのは4月16日の午後であるとのことから、この時点では、玉川氏は被害女性記者がテレビ朝日社員であることを把握していなかったと考えられます。

そのような状況下で、玉川氏は、テレビ朝日社員としての自身の職務経験を基に被害女性記者が記者クラブの人間であると推論すると同時に、記者クラブの人間ならば当然セクハラであることを一番よく知っていると推論しました。さらに玉川氏は、自身がメディアであるのに自分のメディアで告発しなかった記者クラブの記者を批判すると同時に、このような事案が頻発している可能性を示唆しています。

この玉川氏の極めて率直な感覚から素直に推察できるのは、テレビ朝日の被害女性記者の他に、その同僚であるテレビ朝日所属の記者クラブの財務省担当記者がセクハラの事実を事前に知っていて、しかも「一番分かっている」可能性が高いということです。

そして、メディアであるにもかかわらず、『週刊新潮』に話を持っていった被害女性記者の行動は、玉川氏の感覚では批判すべきものだとしています。ここで重要なのは、何も知らなかったテレビ朝日所属の玉川氏が、完全に不偏な立場から、テレビ朝日の行動を批判しているという点です。

■財務省・セクハラ事案に関する調査の中間報告（４月16日）

この日、財務省は、「福田事務次官に関する報道に係る調査について」と題して、セクハラ事案に関する調査の中間報告を行いました。報告内容は次の通りです。

1、週刊新潮の福田次官に関する報道については、4月11日・12日に、福田次官から麻生大臣に報告があり、麻生大臣から「緊張感を持って行動するように」と厳重に注意した。

2、さらに、4月13日にデイリー新潮のホームページにおいて週刊誌報道に関する音声データが公表された後、麻生大臣の指示により、矢野大臣官房長等が改めて福田次官からの聴取を行った。

3、ただし、上記の聴取は福田次官の部下である矢野官房長等が行ったものであることを踏まえ、客観性を担保する観点から、外部の弁護士に委託して、引き続き福田次官への調査を続ける。

また、一方の当事者である福田次官からの聴取だけでは、事実関係の解明は困難であることから、本日、財務省の記者クラブ（財政研究会）の加盟各社に対して、各社内の女性記者に以下を周知いただくよう、要請した。

【各社内の女性記者への周知を要請した内容】

―福田次官との間で週刊誌報道に示されたようなやりとりをした女性記者の方がいらっしゃれば、調査への協力をお願いしたいこと。

―協力いただける方の不利益が生じないよう、責任を持って対応させていただくこと。

―外部の弁護士に対応を委託しているので、調査に協力いただける場合は、別途お示しする連絡先に直接連絡いただきたいこと。

４、今後、上記の更なる調査の結果を踏まえ、適切に対応する。

この中間報告から推察されることは、矢野官房長が福田次官に対して聴取を行ったものの、処分の可否や裁定の軽重を判断するための証拠は得られなかったということです。当然のことながら、財務官僚は迷惑行為の調査の専門家ではありません。そのため、法律の専門家である外部の弁護士に福田次官の調査を委託するのは至極妥当なことです。ただし、ここでいう「外部の弁護士」とは財務省の顧問弁護士のことであり、必ずしも公平性を担保できないとして、野党とマスメディアは一斉に反発しました。さて、福田次官からの具体的な聴取結果は次の通りです。

（1）週刊誌報道・音声データにある女性記者とのやりとりの真偽

週刊誌報道では、真面目に質問をする「財務省担当の女性記者」に対して私が悪ふざけの回答をするやりとりが詳細に記載されているが、私は女性記者との間でこのようなやりとりをしたことはない。音声データによればかなりにぎやかな店のようであるが、そのような店で女性記者と会食をした覚えもない。音声データからは、発言の相手がどのような人であるか、本当に女性記者なのかも全く分からない。また、冒頭からの会話の流れがどうだったか、相手の反応がどうだったのかも全く分からない。

（2）週刊誌報道・音声データにある女性記者の心当たり

業務時間終了後、男性・女性を問わず記者と会食に行くことはあるが、そもそも私は、女性記者との間で、週刊誌報道で詳細に記載されているようなやりとりをしたことはなく、心当たりを問われても答えようがない。

（3）普段から音声データのような発言をしているのか

恥ずかしい話だが、業務時間終了後、時には女性が接客をしているお店に行き、お店の女性と言葉遊びを楽しむようなことはある。また、仲間内の会話で、相手から話題を振られたりすれば、そのような反応をするかもしれない。しかしながら、女性記者に対して、その相手が不快に感じるようなセクハラに該当する発言をしたという認識はない。

（4）週刊誌報道の4月6日の会食に関する記載の真偽

週刊誌報道は全体的に確認しようがない部分が多いが、4月6日の会食について「同席した民間企業の女性が赤面してしまうようなひわいな発言を連発」とされている点については、当該女性とともに同席していたその上司から、「そのような事実はなかったし、当該女性も同様の見解である」との連絡をいただいている。

（5）所感

上記のとおり週刊誌報道は事実と異なるものであり、私への名誉毀損に当たることから、現在、株式会社新潮社を提訴すべく、準備を進めている。他方で、財務省が厳しい状況に陥っている中で、さらに私のことでこのような報道が出てしまったこと自体が、不徳のいたすところである。国民の皆さまから不信を招き、麻生大臣・政務二役・職員をはじめとする関係者の皆さまにご迷惑をおかけしていることは、誠に申し訳なく感じている。反省の上で、麻生大臣からも注意いただいたように、緊張感を持って職務に取り組んでまいりたい。

まず(1)(2)に関して、福田次官は記事にあるようなやりとりを想起できないとしています。声紋鑑定によれば、音源の男性の声は非常に高い確率で福田次官の声であることが判明しており、もしこの男性の声が福田次官であると仮定すると、福田次官は編集なしの音源を聴くことによって、高い確率で状況を想起できる可能性が高くなります。

これは、たどる手がかりがある記憶は想起しやすくなる**【コンテクスト効果 context effect】**によるものです。厳正なレフェリーの立会いの下で福田次官に音源を聴かせることは事実解明につながるものと考えられます。
（3）に関しては、意識して女性記者にセクハラ発言をしたことはないものの、異なるシチュエーションでは無意識に発言することはあり得ると主張しています。
もちろん、この主張はエクスキューズに過ぎません。意識的であれ無意識であれ、平均的な女性労働者が迷惑と感じる可能性がある発言に対して、女性が不快に思った時点で被害を与えたことになり、セクハラが認定されます。
（4）に関しては、記事の内容と事実が異なる反証の例を挙げ、記事の信頼性を問題視しています。これはコンテクスト効果が有効に機能したものであり、このように具体的な状況を一つ一つ確認することができてはじめて事実を確認することができます。
なお、反証を例示することで記事の信頼性に問題があると主張することはできますが、記事のすべてが事実に反することを立証することはできません。
（5）に関しては、週刊新潮を名誉毀損で訴える準備を進めているとしています。訴訟が起きた場合、すべての記事内容の立証責任は週刊新潮にあります。
週刊新潮はほのめかし表現で福田氏がセクハラを行っていたことを大衆に示唆しましたが、その事実を法的に立証することはできていません。訴訟の場合には信憑性を伴う証言（被害女性記者）あるいは客観的な証拠（音源）が必要となります。なお、この段階で、福田次官は辞任を考えていません。

■報道ステーション（4月16日）

この日の放送では、財務省の中間報告を受けて、テレビ朝日財務省担当の朝日健一記者がレポートを送っています。富川悠太アナ・小川彩佳アナ・後藤謙次氏との間で次のようなやり取りがありました。

朝日記者：とにかく財務省としては福田次官を温存したいと考えられます。というのは、森友学園の調査結果が間もなく出るといわれています。その結果次第では次官が責任を取って辞めることも可能性としてはあります。その際に福田次官がいないと財務省として人事調整に影響が出るために今は辞めさせるわけにはいかない。しかし政府与党からは福田次官が続ければ続けるほど支持率が下がっていくという批判の声があり、政府関係者からは官邸は早く福田次官を辞めさせたがっていると。ただ麻生大臣と財務省がそれを食い止めているという話もあり、麻生大臣がどのような判断をするのかがポイントになると思います。

富川アナ：次官のセクハラ問題についてはどう思いますか。

後藤氏：財務省も含めて政府全体がセクハラという人権問題に対する感覚が鈍すぎる。VTRにも何度も出てきたが、今日発表されたコメントで最大の問題は、あの声の主が福田次官なのかどうかを一切明言していないことだ。福田氏自身も抗議めいたコメントをしている。自分なのか自分でないのかははっきりわかるわけだ。そこをきちっとすることが第一の前提だ。

富川アナ：自分の声はさすがにわかると思うが。

小川アナ：わからないと言っているということだが、厳しいと思う。

後藤氏：逆に今回、女性記者に協力を仰ぐと。しかも財務省が雇った顧問弁護士の事務所に来いということだ。これもいかにも旧態依然としたお上意識、お門違いも甚だしいと言いたい。

富川アナ：記者の立場としても取材相手から信用されなくなってしまうと。

後藤氏：しかも大きな間違いがあるのが、財務省に出入りする記者は「財研＝財政研究会」といわれる財務省の記者だけではない。多くの部の記者が財務省の予算の取材競争を激しくやっている。そういう人たちは対象ではないのかと。つまりそういう非常に限定されたあぶり出しの意識というのをそこに感じる。この問題について、やはり福田氏の主張通りだったとしても、福田氏自身も言っていたが、No.２の佐川氏が国税庁長官を懲戒処分の上辞任しているわけだ。さらにそういう事態の中でこういうことを行っていたということ自体をもってしても、事務次官というポストに居続ける資格はない。そしてそれを放置している麻生副総理兼財務大臣の政治責任も極めて大きい。我われの数十年前の反省だが、セクハラ問題に対して海外メディアがどう伝えるかが非常に大きくて、かつて首相に女性スキャンダルがあった時に我われはそれをほとんどニュースにしなかった。それがワシントンポスト、ニューヨークタイムズが報じてから逆に日本の政治問題になった。そういう苦い経験がある。国際問題としてどう捉えるかという視点も非常に大切だ。

小川アナ：実際、もうすでに日本のセクハラ問題の疎さと関連付けて書いてある記事もあった。

富川アナ：麻生大臣としては安倍政権の屋台骨として今崩れるわけにはいかないという気持ちもあるのか。

後藤氏：それは逆だと思う。むしろ人事をきちっとやること自体が政権を救うことになる。その発想そのものが大きく間違っている。

テレビ朝日『羽鳥慎一モーニングショー』に出演しているテレビ朝日社員の玉川徹氏は、「本当だったらそれはセクハラだというのは記者クラブの人間が一番わかっている」と発言しました。玉川氏の見立てによれば、テレビ朝日財務省担当の記者クラブの記者は事前に今回のセクハラを知っていたことになります。

いずれにしても、この記者のレポートは、証拠をまったく示すことなしに「財務省は福田次官を温存したいと考えている」「森友問題対応の人事調整に影響が出るので今は辞めさせるわけにはいかない」「政府関係者は辞めさせたがっている」「麻生大臣と財務省がそれを食い止めている」などと、**当事者の主観をまるで超能力者のように見透かしています。**

このような、何とでもミスリード可能なワケのわからないレポートが財務省担当記者の存在意義であるのならば、事実を知りたい視聴者にとっては、不必要であるばかりか、有害な存在でしかないのかと思います。

後藤謙次氏は「財務省も含めて政府全体がセクハラという人権問題に対する感覚が鈍すぎる」とコメントしていますが、セクハラの可能性が高い相手に対する被害女性記者の取材を容認したテレビ朝日も同様に人権問題に対する感覚が鈍すぎるといえます。

また、報道番組として極めて不適当なのが、財務省の協力依頼を「財務省が雇った顧問弁護士の事務所に来いということだ」などという言葉で、要請文を命令文に言い換えて「旧態依然としたお上意識、お門違いも甚だしい」という結論を導いていることです。これは相手の発言を勝手に変えてその部分を根拠にする**【ストローマン論証 the strawman】**に他なりません。

富川アナは「記者の立場としても取材相手から信用されなくなる」と発言していますが、財務省は「協力いただける方の不利益が生じないよう、責任を持って対応させていただく」と保証しています。これは、自説に好都合な点のみに焦点を当てて他説を批判し、不都合な点を無視する**【選択的注意の誤謬 selective attention fallacy】**と呼ばれるものです。

また、記者クラブ制度の権化ともいえる後藤氏は、財務省記者クラブ以外の記者が協力要請の対象から外れていることを批判していますが、まずは最も可能性が高い対象者に協力要請するのは至極妥当な判断です。事実、被害女性記者はテレビ朝日に所属する記者クラブの記者でした。

さらに後藤氏は「国際問題としてどう捉えるかという視点も非常に大切だ」と「国際問題」という言葉の意味を不合理に拡大解釈しているコメントをしています。

セクハラは世界的な関心事ですが、世界との大きな意識の乖離《かいり》を主導しているのはマスメディアの理解不足によるところが大きいといえます。

今回のセクハラ問題にあたっても、思考停止して厳しく罵るのみの報道スタンスが続きましたが、セクハラ問題で重要なのは、その発生メカニズムを明らかにし、その環境要因を絶つことです。

その意味では、国民のあずかり知らぬ密室で掴んだ根拠があるかどうかもわからない情報を垂れ流す記者クラブという闇の構造が今回も解消されなかったことは、深刻な問題だといえるでしょう。

■羽鳥慎一モーニングショー（4月17日）

この日の放送においても、玉川徹氏・菅野朋子弁護士・山口真由弁護士・青木理氏が財務省セクハラ事案について意見を述べました。

玉川氏：最近では相当会社もセクハラに注意するようになっているが、会社がセクハラを考える時には「社内」が対象だ。社内での社員同士のセクハラについては、もう整備が非常に進んでいる。ところが「社外」の人との間にセクハラが起きるかどうかについてはいまだに整備できていないのかもしれない。記者が例えば事務次官と話をするときに事務次官に嫌われてしまって取材でネタがとれなくなってしまうことになると、そこが弱みになる。そのような弱みになるところを逆に使うということもあり得る。だから会社として、そこまで含めて女性記者を守れるようになっているのかが盲点になっている可能性がある。

山口弁護士：福田次官のセクハラの否定については『週刊新潮』の今後の発売を見越した

ものであり、福田次官は、相手が女性記者であるかわからないことと、向こう側から仕掛けられて言ったというニュアンスをほのめかしている。向こう側の音声は出ていない。

玉川氏：もう一つは「女性が接客するような店で接客する女性に対して言っていた」のだと。記者が音声を公開しない限り「そのように言っているわけではない」とは言えない。ところがそのハードルはものすごく高い。「ほら名乗り出ないだろう」ということを踏んだ上でということかもしれない。

菅野弁護士：本当にその通りだ。内容がどれだけひどいかというよりは相手が誰かというところが不明確だと。これはすごく私は弁護士的な視点だなと思って、確かにその通りで、そう言われてしまうと、厳密に事実を解明しましょうと。確かにそこのところがハッキリしなければわからない。理屈ではそうだ。

玉川氏：仮に女性が接客するような店に福田事務次官が記者と一緒に行っていたと。福田氏がホステスに対して音声のようなことを言ったとしたら、セクハラにならないのか。

菅野弁護士：通常一般的に会社の中で、職場環境を悪くするだけでもセクハラに当たるので、そういう意味では当たりうるが、力関係というところまで考えると、そこは微妙だ。会社内の話ではない。セクハラというものをどういう対象として取るかだ。例えば慰謝料の請求が発生するまでのセクハラなのかといえば、不適切ではあるが、違法かとなると、そこまでは微妙かなと私は思う。（中略）百歩譲って本人が否定しているので、一般論として、会社内であった場合に、確かに被害者側に調査はする。ただ、それは周りにわからないように誰かもわからないようにするというのが鉄則でこうやって公開してしまったらまったく意味がない。調査する側もどちらかについている人ではなくて、第三者的な人が調査するべきであって、やり方が的外れだ。

青木氏：マスメディアもある種問われていることがある。玉川氏が言うようになぜメディアの記者がそのメディアで報じないで『週刊新潮』が報じるのか。また、取材対象と取材者の力関係は圧倒的に違うが、プラス記者クラブというのがある。例えば、女性記者が一人許せないと思って告発をしたとしてそれでは済まない。社全体とか記者クラブが財務省と敵対関係になって、情報が取れないとか、イジメられる。おかしい時は「おかしい」、「セクハラがあったのではないか」と、テレビ朝日を含めて、マスメディアに声が挙げられるかが問われている。

玉川氏：組織の中の個人は弱い。そういうときに何が正義であるかと考えるときに、個人に戦わせるのはフェアではない。そのために会社は個人を守らなければならない。記者クラブとしてこの問題に取り組まなければいけない。もしかしたら民放連として取り組まなければいけないし、新聞協会としても取り組まなければいけない問題かもしれない。

この放送でも玉川氏は率直な見解を示し、社内におけるセクハラ対策は万全でも社外におけるセクハラ対策は万全ではなかった可能性があることを公表しました。ただし、これは半分正解であり、半分不正解です。

まず、テレビ朝日の社外におけるセクハラ対策が万全ではなかったのは正解であり、今回のセクハラ案件でそれが証明されました。一方でテレビ朝日の社内のセクハラ対策が万全であったかといえばそれは不正解です。この件については後に詳述したいと思います。

玉川氏は、事務次官に嫌われてしまうとネタが取れなくなることを弱みとしていますが、取材対象に優位性を感じること自体、ジャーナリズムとして失格です。

かつて中国に批判的な報道をした産経新聞は１９６７年に中国から追放されました。その一方で中国に批判的報道を行わなかった朝日新聞は、中国からネタを貰って千万人単位の犠牲者を出した文化大革命を礼賛し、林彪健在報道など中国政府が利する虚報を流しました。取材対象の不利な情報を報道しないことで貸しを作り、代わりに特別な情報を得るという構造は、互いのインセンティヴを闇で交換する贈収賄であり、情報受信者である国民をバカにしたものです。

ジャーナリズムにおいて、マスメディアと財務省は同等の関係にあるとするのが原則であり、仮に財務省に不利な報道をしたことで情報提供を差別されたとしたら、そのことを報道することで報復が可能なはずです。

菅野弁護士の法律家としてのコメントは極めて理性的であり、まさに正論です。ワイドショーにおいて、ヒステリックな罵倒が大勢を占める中、福田次官の疑惑となっているセクハラをどういう対象で捉えるかという点がすべての議論のスタートとなります。

例えば、強姦に問われる可能性もある肉体的な嫌がらせを伴う初鹿議員や青山議員の疑惑と、言葉による精神的な嫌がらせである福田次官の疑惑では、適用される法律が自ずと異なってきます。

また調査についても、菅野弁護士の指摘の通り、わからないように行うことと、第三者が行うということが原則であると考えます。ただし、このケースにおいては、財務省の対処が野党とマスメディアによるヒステリックな監視下に置かれているため、本来行われるべき秘密裏の調査はすでに不可能となっています。

さらに、弁護士の人選について、弁護士会に任せた場合には極端な考えを持つ弁護士を推薦される可能性もあり、常識的な結論を早期に得るために、財務省の顧問弁護士に依頼することは、的を少し外しているとしても、大きく外しているものではないと考えられます。

青木氏が主張するように、この問題で問われているのは、情報と交換にセクハラを強要する収賄体質が財務省にあったかということと、情報と交換にセクハラを容認する贈賄体質がマスメディアにあったかということです。

玉川氏が主張するように、個人を守らずに個人に戦わせた会社であるテレビ朝日はフェアではありません。

■麻生大臣記者会見（4月17日）

この日、前日発表された財務省の中間発表を受ける形で麻生大臣が閣議後に記者団に対して会見を開きました。以下、重要な個所を抜粋して示します。

記者：昨日、福田次官が否定していることを発表した。一方で大臣は、先週、事実ならセクハラとしてアウトだと発言した。その後音声データも公開され、一方でセクハラというのはそもそも被害者が名乗りにくいという特殊な状況があるが、現時点でアウトなのかセーフなのか。

麻生大臣：仮に記事の内容が事実であれば、問題であることははっきりしている。ただ、現時点で週刊誌に報じられているセクハラのやりとりを認定するまでには至っていない。事実関係を解明しなければならないし、こちら側の場所と出席者が確認された4月6日の話に出た同席者の人はそういうことはなかったと証言している。そういった意味を踏まえると、さらなる調査が必要で、その結果を踏まえて対応していかなければいけない。ただ、当事者である福田さんからの聴取だけでは一方的なものになりかねないし、また被害者の方々が訴えてきているわけでもないし、訴えてきにくいという話をしていた。そういった事情も考え、役所がこの人を調査するといっても信用できないと言われるだろうから、きちんと対応するために第三者の弁護士にやってもらうということだ。弁護士も女性2人が入っていて「そこに申し出て下さい。協力して下さい」と記者クラブに対して話もしている。今はそういう段階だ。少なくとも協力いただける方には不利益が生じないようにしないとならない。少なくとも次官にしてみれば、相手側の声がまったく聞こえてこないのでどういう話かよくわからない。今の段階ではそこまでしか申し上げられない。

記者：今後の調査について、財務省と顧問契約を結んでいる弁護士に依頼していて公平性に欠けるという話がある。要するに女性の記者が名乗り出にくいのではという話があるが。

麻生大臣：名乗り出やすいように第三者の弁護士にやってもらう。それが弁護士の仕事だ。そういった意味では女性の弁護士も入れて対応させていただく。

記者：顧問契約を結んでいない弁護士に依頼するということはないか。

麻生大臣：信用できるかどうかわからない弁護士に頼むことが常識的か。

記者（共同通信）：主張が対立していて、片方の当事者がその仲裁役を選ぶというのは公正性に欠けるのではないか。

麻生大臣：どうすればいいのか。公募しろというのか。具体的なことを言ってほしい。

記者（共同通信）：もし女性が名乗り出なければ事実の認定はしないということか。

麻生大臣：一方的になったら取り扱いのしようがない。状況がわかるようにするために、弁護士にと申し上げている。本人が申し出てこなければどうしようもない。

記者（共同通信）：日時がいつかということだが、佐川氏の証人喚問が終わった後に「予算が通ったら浮気しようね」と言っているということは、3月27日しかないのではないか。その日を徹底的に調べれば事実関係は財務省でもわかるのではないか。

麻生大臣：財務省がやったところで、財務省の責任ではわからないというかもしれないから弁護士に頼んでいる。

記者（共同通信）：女性が名乗り出ないと調査が進まないというのが理解できないが。

麻生大臣：福田次官は答えて話している。その相手側の人の声というのが記者なのでしょう。

記者（共同通信）：ただ、この場合はセクハラという、名乗り出にくいという事情がある。

麻生大臣：言われている人の立場も考えなければならない。福田次官の人権はなしというわけか。

記者（共同通信）：自分たちが指定した弁護士事務所に来ない限り、事実と認めないということか。

麻生大臣：事実と認めるような方法というのは相手側の音声が聞こえない限りは。

記者（共同通信）：聞いているが、明らかに福田さんの声だ。

麻生大臣：相手側の女性の声を知りたい。

記者（共同通信）：相手方の声を出したら誰かわかってしまうから隠すのは当然ではないか。

麻生大臣：それを公平に聞くために弁護士事務所を使って、弁護士にやってくださいと。

記者（共同通信）：日時は少なくともほぼ特定できているから、その頃、福田氏がどういう店に行ったというのを本人に全部聞き取りすれば、ほとんどわかるではないか。

麻生大臣：それを私どもがやっても、財務省がやった話と言われる可能性がある。だから第三者に頼まないと答えが出てこないということを申し上げている。


この会見では、一人の男性記者（共同通信所属）が「女性が名乗り出ないと調査が進まないというのが理解できない」という主張を繰り返し行いましたが、この主張は理解できるものではありません。日本のような法治国家において、人に刑罰を与える場合には、法に基づく適正な手続き、すなわち**【デュー・プロセス due process】**がすべての前提となります。この前提を野党とマスメディアが理解していない、理解しようとしていない、あるいはまったく無視しているところが極めて深刻なところです。

この記者は「被害女性記者に協力をお願いする」ことを勝手に「被害女性記者が名乗り出る」と言い換えた上で「被害女性記者が名前を明かす」ことと混同しています。これは相手の言葉を言い換えて、その部分を批判するストローマン論証に他なりません。

財務省は被害女性記者に不利益が生じないように公に宣誓しているため、仮に被害女性記者が弁護士に名前を明かしたとしても、それを明かさない旨を弁護士に宣言すれば、個人情報が財務省や所属会社に通報されることはありません。

財務省が把握したいのは明らかに事実があったかないかだけであり、国民が厳しく監視する中で、財務省が被害女性記者の個人情報を使って所属会社や被害女性記者に報復するなど実際にはできないことです。

今回の財務省の協力要請は、被害女性記者にしてみれば、会社に迷惑をかけることもなく、社会正義のために次官を告発するという所期の目的（後のテレビ朝日会見で判明）を安心して達成する絶好の機会であったわけです。そのような中で、正義の仮面を被った非常識な記者が勝手に被害女性記者の内心を憶測して事態をさらに混乱させました。

注意したいのは、調査に協力するもしないも被害女性記者にすべての選択権がある点であり、思考停止してセカンド・ハラスメントを前提にする見識の低さには落胆するばかりです。

ちなみに、この記者はセクハラがあった日を自信満々に3月27日と決めつけ、「その日を徹底的に調べれば事実関係は財務省でもわかる」と麻生大臣を詰問しましたが、実際に2人が会食したのは4月4日であることが後に判明しています。深刻な問題は、事実に基づくことのないこのような記者の横柄な態度が無視される一方で、麻生大臣発言の言葉尻だけが捕らえられ、マスメディアで一斉に批判されていることです。

マリー＝フランス・イルゴイエンヌ著（大和田敢太訳）『モラル・ハラスメント』（文庫クセジュ）によれば、**【モラル・ハラスメント／モラハラ moral harassment】**とは、ある人物に対して常に否定的な評価をする、絶えず批判する、孤立させる、その人についての虚偽の情報を流布したり、中傷したりすることを、複数の人物が示しあわせて行うこと（国際労働機関＝ＩＬＯ）と定義されています。**まさにマスメディアが麻生大臣に対して継続的に行っている行為はモラハラそのものであるといえます。**

麻生大臣のような権力の行使に慎重な人物が、権力を行使する権利を持っているという理由でモラハラを受けている状況は極めて不当です。

■野党合同ヒアリング（4月17日）

この日の午後にはセクハラ問題をテーマにした野党合同ヒアリングが行われましたが、ヒアリングというよりは、理不尽な質問で財務官僚を罵るパワハラ大会の様相を呈していました。

柚木議員：閣議後会見で麻生大臣が「本人が名乗り出てこなかったらセクハラ認定しない」と言っている。そんな記者の取材源の秘匿を守れなかったら記者として仕事ができなくなる。記者として辞めなければならなくなる。そのことを想定してこの文書を出しているのか。どうせ名乗り出てこられないだろうと。「福田次官に人権はないのか」と麻生大臣は答えたが、加害者の人権と被害者の人権は同列ではない。どちらの立場に立って真相究明をするのか。

「記者の取材源の秘匿を守れなかったら記者として仕事ができなくなるから名乗り出られない」などと意味不明な理由で財務省の官僚を罵る柚木道義議員です。

繰り返しになりますが、財務省は記者が誰であるかを知ることが目的ではなく、弁護士を通して個人情報を秘匿できる環境の下で事実関係を確定するための協力を要請しているに過ぎません。また、この段階で福田次官は加害者と認定されたわけではなく、真相究明はどちらの立場にも立たずに行うのが原則です。このような法の原則に対して極めて不見識な議員が立法府にいること自体が極めて深刻な問題です。

柚木議員のパワハラは、すでにセクハラ問題と同様に取り上げなければならないレベルですが、**さらにその上を行く杉尾秀哉議員が財務官僚を大声で罵りました。**

杉尾議員：言っとくが、もう具体的にどこの社の誰って名前が出てるんだよ。すでにそういう状況になっているのを把握してるのか。

財務官僚：把握してございません。

杉尾議員：わかってる。だって女性の記者の人数がごく限られている。ここでどこの社の誰とは言わないが、そういう話になっている。さらにその社の上司と財務省か官邸が話をつけてそれ以上話を出さないという密約というかそういう話を握った上で昨日の発表をしたという噂がメディア関係者周辺で流れている。あなたは保護すると言うが、もうすでにこの女性を保護ができていない。わかっているのか。

財務官僚：まったく承知してございません。

杉尾議員：ダメだよ、そんなことじゃ！　財研（財務省記者クラブ）に何人いるかくらいわかっているだろう！　女性の数だってわかっているだろう！　しかもこれ民放じゃないか！　民放の女性記者と言ったらすぐわかるじゃないか！　そんなこともわからなくてあんたたちは財務省で仕事してるの。財研とつきあってるの！　これものすごく深刻な状況になってるんだよ！　この女性の人権がすでに踏みにじられつつある！　この人仕事できないよ。これをあなたたちは呼びかけたんだよ。その深刻さがわかっているか。

財務官僚：人事当局としては、人事処分を行っていくにあたっては……。

杉尾議員：あのね！　そういうルールだけで言っちゃあダメだよ！　現実を見なさいよ！　現実を！　確かに規則では双方の意見を聞くことになっているがそんな段階通り越しているんだよ！

財務官僚：ただ我々どもとしては、国家公務員法に従った……。

杉尾議員：あのね！　財務省つぶれますよ。つぶれる！　本当にそれだけの深刻な状況になっている！　そして明後日に第二弾が出る。さらに財務省窮地に陥る。あなたたちはその時に反論できるか。（中略）あなたたちの先輩で立派な人たちがいっぱいいた！　こんな財務省じゃないよ！　おかしい！　明らかに狂ってる！　狂ってるという表現は放送禁止用語だから言わないけど……。

メディア業界内の噂を財務官僚が把握していないことを問題視して怒鳴りつける杉尾議員は、一般社会にも存在する理不尽なパワハラ人間の典型です。仮に被害女性記者の名前を特定して噂しているとすれば、それは財務省ではなくメディア業界の人間であり、このような噂によって傷つくのは被害女性記者に他なりません。つまり、被害女性記者の人権を本当に踏みにじっているのは、噂を流しているメディア業界の人間とその噂を公言して流布している杉尾議員ではないでしょうか。

そもそも、被害女性記者の会社と財務省ないし官邸が話をつけてそれ以上話を出さないという「密約」の下に財務省が中間発表をしたという**【陰謀論 conspiracy theory】**のような情報は**【デマゴーグ Demagog】**です。後のテレビ朝日の会見によれば、被害女性記者がテレビ朝日に対してセクハラ被害に遭っていたことを認めたのは16日の午後であり、それから密約して同じ時間帯に中間報告を行うことは不可能です。

杉尾議員はこの陰謀論を根拠にして、国家公務員法に基づく調査を慎重に進めている官僚を罵倒する常軌を逸した**【悪口 name-calling】**を繰り返し、最後には「明らかに狂ってる」とまで言ってしまいました。国会議員の地位を利用したこのような人物による公然の人権侵害とパワハラ行為を、国民は見過ごしてはいけません。

■キャスト（4月17日）

この日の朝日放送『キャスト』で古賀茂明氏が次のような発言をしています。

古賀氏：今結局「セカンド・レイプ」状態になっていて、女性は本当のこと言っているのに「本当にあったんでしょうか」「仮にあったとしたら」「もしかしたらはめられたのかもしれませんね」とかいう話になってきている。これは本当にひどい話だ。この女性は、僕はいろいろ情報があるが、要するに「この人（福田次官）ひどい」と。これだけ被害者がいるからみんなで声を上げるべきだと思って自分がやろうと思ってやったけど、意外とついてきてくれないという状況で、それで「出てこい」と言われているわけだ。だから本人は本当に脅えちゃって。ただ彼女は「一つだけ心の支えは詩織さんだ」と言った。詩織さんが顔と名前を出して戦っているのを見ているから「自分は顔も名前も出せなくて本当に申し訳ないけど、やっぱり自分は諦めてはいけない」と。今、諦めようかという感じなわけだ。「出てこなければなかったことにしよう」「訴えるぞ」と言われているわけだから。

この時点で古賀氏は少なくとも被害女性記者と接触があるか、その関係者から情報を得ていることがわかります。「詩織さん」というのは、ジャーナリストからの強姦被害があったとして実名で訴えを起こしている伊藤詩織氏のことであると考えられます。

まず、古賀氏の発言において、今回のセクハラ事案に「セカンド・レイプ」という言葉を当てはめるのは過剰であり、最大でも「セカンド・ハラスメント」とするのが妥当です。実際には、被害女性記者が特定されていない中で調査に協力するもしないも被害女性記者にすべての選択権があることを考えると、セカンド・ハラスメントに値する行動は発生していません。「出てこい」「出てこなければなかったことにしよう」「訴えるぞ」という言葉は、前提を省略し言葉を言い換えるストローマン論証であり、一方的な見解であるといえます。

さらにこの放送の後、古賀氏は次のようなツイートをSNSに連続投稿しています。

【福田次官辞任必至!】
告発女性記者 A子さん
会社トップが安倍政権べったりで新潮しか道がなかった
トップは事実把握後官邸と相談中?報道より官邸!
A子さんに襲いかかる財務省
必死に耐える彼女の心の支えは詩織さんだ
自分も頑張らなければと涙をこらえる

日本中からA子さんにエールを！

【会長はクビだ！】
被害女性のいる社は、直ちに財務省に抗議すべきだ
既に事実を知っている会長や報道局長は何をしているのか？
現場に真実を伝えないから、スタジオで、「これが事実かどうか」などというコメントが出て、セカンド・レイプ状態が続いている
こんな会長や報道局長は次官とともにクビだ！

【メディアが連帯！？！？】
本日財務省の記者クラブ（いわゆる「財研」）が、麻生財務相に福田次官セクハラ問題の調査について抗議予定
読売や産経も賛成したということは、官邸がゴーサインを出した？
福田辞任後、「安倍総理の決断だ！」という提灯記事が官邸記者クラブから流れる見え見えの猿芝居

まず、最初のツイートでは、杉尾議員が暴露した「メディアの噂」と同じような内容のストーリーを披露しています。古賀氏自体がこの噂の発信源である可能性もあります。

古賀氏が批判しているのは、被害女性記者の所属会社のトップであり、古賀氏は被害女性記者を特定しているので、この所属会社のトップとはテレビ朝日の経営者ということになります。

二番目のツイートを見ると、それがテレビ朝日の会長と報道局長であることがわかり、具体的には早河洋会長と篠塚浩報道局長を指していることになります。そして「セカンド・レイプ」なるものの行為者として古賀氏が認識しているのは、マスメディアであることがわかります。

三番目のツイートを見ると、財務省の記者クラブが抗議するのは官邸と記者クラブがつるんでいる「見え見えの猿芝居」と憶測しています。しかしながら、後に福田次官は辞任しても、安倍総理に対する提灯記事がマスメディアから出された形跡はありません。これは早河会長に『報道ステーション』を降板させられた古賀氏が私怨を晴らす目的で大袈裟に事実を歪曲している可能性すら出てきます。

いずれにしても、古賀氏の発言の最大の問題点は、「セカンド・レイプ」が問題であると認識していながら、被害女性記者を特定するような情報を公言していることです。古賀氏にとっての優先事項は、被害女性記者を守ることではなく、憎きテレビ朝日の上層部を批判することなのでしょう。まさに人権意識の低さを露呈しているといえます。

■報道ステーション（4月17日）

この日の放送では、元毎日新聞記者の上谷さくら弁護士をゲストに呼び、今回のセクハラ問題に関する見解を聞いています。

富川アナ：今回名乗りを上げないと事実かどうかわからないというが、被害者にとっては声を上げにくいのでは。普段相談を受けていてどんなことを感じるか。

上谷弁護士：やはり立場が弱い。声を上げたときに今よりももっと立場が悪くなって職場にいられなくなることを心配していて、実際に職場にいられなくなった女性はたくさんいる。

富川アナ：そういうことを考えると、なかなか声を上げられなくて、結局泣き寝入りしてしまうパターンも多いと。記者の立場の経験からそういった声の上げにくさというのはあるか。

上谷弁護士：取材先にもいろいろな人がいるし、女性記者はセクハラ発言をする人に対しても、うまくかわしながら上手に懐に入り込んでうまくネタを取ってくることが**暗黙の了解**というか、会社から期待されていて、無言のプレッシャーとなっている。なので、それができなくて「セクハラありました」というふうに声を上げると、会社の期待にも沿えないし、自分の会社とその組織との関係が良くなくなってしまって、その女性記者自身も会社に居づらくなってしまうケースが考えられる。

富川アナ：今回財務省の調査方法についても問題視されているが、どこが問題だと思われるか。

上谷弁護士：まず、これだけ全国的に注目されている状況で、被害者自ら声を上げるということ自体が無理だと思う。さらに声を上げる先が財務省の顧問先の弁護士事務所ということであれば、そちらの方にうまく利用されるのではないかというふうに被害者の方が取ってしまうことは仕方がないことだと思う。

富川アナ：調査方法はどうあるべきか。

上谷弁護士：第三者機関といわれているが、今さらそういうものを作ってもいけないだろうという気はしている。まず音声があるので声の主を特定することが先決だ。これが事務次官でないのであれば、この問題は全然関係ないという話になるし、これが事務次官の声であると特定できるのであれば、被害者を特定しなくても会話の流れから、この人が誰であってもセクハラだと認定できるはずだ。

富川アナ：たとえ女性記者でなくて店での言葉遊びだとしても、対象は女性のわけですから。

上谷弁護士：その言葉のやり取りの中で「本当にやめて下さい」とか「ダメです」と繰り

返し拒絶の意思表示をしている。

上谷弁護士は、マスメディアの女性記者としての経験と法律の専門家である立場から、合理的かつ明快に女性記者の職場における立場について解説しています。

――女性記者はセクハラをうまくかわしながら上手に懐に入り込んでネタを取ってくるということが暗黙の了解になっていて、会社はそのことを期待している。
――この暗黙の了解は女性記者にとってプレッシャーとなっている。
――セクハラを告白すると会社の期待に沿えず、組織との関係が悪化し、会社に居づらくなる。

この上谷弁護士の経験則に従えば、マスメディアの女性記者は、会社の中で女性記者が一般的に置かれている状況を観察することによって**【ジェンダー＝社会的性差 gender】**を認識するに至ることになります。このようなジェンダーの形成メカニズムは**【社会的学習理論 social learning theory】**と呼ばれます。

またこのような経験で得た認識が「女らしさ」としての知識体系となり、次第にこれを前提とした役割行動が基本となります。これを**【ジェンダー・スキーマ理論 gender schema】**といいます。この女性記者としてのスキーマこそが「暗黙の了解」というものであり、結局マスメディアの女性記者はセクハラの発生に対して無抵抗となり、その被害者となることを不本意ながらも許容してしまう風潮が形成されていると推察されます。

この上谷弁護士の解説は、今回のセクハラ事案を含めたマスメディアにおけるセクハラ発生のメカニズムを解き明かす上で極めて重要な証言だと考えます。

また、上谷弁護士は調査方法の問題点についても言及していて、財務省の顧問弁護士に声を上げることで財務省に利用されることを被害女性記者が恐れるのは仕方がないという見解を示しています。ただ、論理的に考えれば、財務省の顧問弁護士が被害女性記者の不利益となることを少しでも犯せば、大臣および財務省幹部の重大な責任問題となるため、被害女性記者は財務省の顧問弁護士を信頼するのも一つのオプションであったのではないでしょうか。

なお、あえて言えば、メディアの内部環境に精通した司法の専門家である上谷弁護士こそが、この問題にあたる弁護士として選任されるに最も相応しい弁護士の一人だったと思います。

いずれにしても、この問題において、被害女性記者の協力を仰ぐことなくセクハラ認定する最も合理的な方法は、新潮社が、被害女性記者の支援者として、生の音源の一部を財務省の顧問弁護士にオフレコで聴かせることではなかったのでしょうか。

顧問弁護士が行う必要があったのは、会話の流れからセクハラの有無を判定することのみでした。新潮社が被害女性記者の本当の味方であり、社会正義を貫く考えであるのであれば、このことに応じない理由はないはずです。

さらにスタジオトークは続きます。

後藤氏：私が注目しているのは、組織のトップが個人的なスキャンダルに巻き込まれた場合、身をどう処するのかという点だ、取材をした中央省庁のトップ経験者が「トップに一点でも曇りがあれば組織は死ぬ」と明言していた。とりわけ行政組織のトップは国民の信頼がなければその場に居続けることはできない。今回のケースでいえば、福田氏自身が事実関係について一番よく知っている。それが直近のことも忘れたという趣旨のことを言っていること自体、福田氏がトップを続ける資格があるのか。自ら行動を起こすべきだ。もう一つ福田氏に欠けているのは、これだけ巨大な頭脳集団のダメージ・コントロールをどうするかというシナリオが見えてこない。いかに被害を少なくして組織を守りながら次につないでいくか。むしろ見えるのは、福田氏個人の保身であったり、名誉を守ること。ここにこの問題の根の深さを感じる。

富川アナ：曖昧なまま長引けば長引くほど問題は大きくなる可能性がある。

後藤氏：傷は深くなり広がる。麻生氏にも同じようなトップとしての責任が問われる。

富川アナ：党内の女性議員から問題視する声が出ているからその声が麻生大臣に届くかどうかも見ていかなければならない。

後藤氏：野田聖子氏は自ら麻生氏に直接伝えたと言っている。その答えも是非聞きたい。

真実がどうであるかではなく、大臣・官僚を辞任に追い込むことだけが関心事の後藤謙次氏は、相変わらず問題の本質を見ようとせずに政局絡みの無意味な論評を続けています。

大臣・官僚に求められるのは、限られた予算で最大の行政サーヴィスを国民に提供することであり、ダメージ・コントロールによる組織防衛の巧さは国民の利益にはつながりません。

一人の官僚の個人的な疑惑を組織全体に責任転嫁して理不尽なダメージを与えている後藤氏こそ国民にとって極めて有害な存在ではないかと思います。

小川アナ：日本では声を上げる人がいてもなかなか広がりは今一つというか声を上げにくいという環境が背景にあるのか。

上谷弁護士：日本には「和を乱すな」とか「目立ったことをするな」という文化がある。それに加えて、根底に男尊女卑が根強くはびこっていると思う。それがセクハラに寛容な社会を作ってしまって、男性から見ると騒ぎ立てるオンナは面倒くさいとか、ハニートラップではないかとかいうようなひどいバッシングが起きてしまう。そういう様子を眺めている女性からすると、「私はああいうふうにはなりたくない」ということで、声を上げづらいのかなと思う。

小川アナ：女性同士の意識というのも、もしかしたらあるのかなと思う。女性対男性でなくて女性の中にも染みついている意識があるのか。

上谷弁護士：あると思う。「自分としては大人しく見ていよう」と。「その方が会社としては平和なんだ」という意識が根強いかもしれない。

富川アナ：どうしていくことがこの問題を解消していく近道か。

上谷弁護士：セクハラといえども性被害・性加害であって深刻だ。事実に対する正しい理解が必要だ。セクハラに寛容な世界は許されない、受け付けないという啓発活動が必要だ。

富川アナ：意識を変えていかないといけない。

最後に上谷弁護士と小川アナは女性が置かれる日本の職場環境について問題提起を行っています。

現在の日本の職場には、女性をさまざまなインターフェイスとして外部と接触させるという男性が作ったフレームワークが明確な形で残っています。特に経験の浅い若い女性はそのフレームワークに余儀なく配置されます。例えば会社の受付に座っているのはほとんどの場合が女性ですし、銀行の窓口で客と接するテラーも女性の割合が高くなっています。

通常、女性は、たとえそのフレームワークに不本意であっても、「孤立への恐怖」から自分の役割を暗黙に了解することになります。上谷弁護士と小川アナは、この**【沈黙の螺旋 spiral of silence】**こそが、セクハラの一つの要因であることを示唆しています。

ただ、この上谷弁護士と小川アナの正論は、このとき沈黙を続けていたテレビ朝日にとっては極めて都合が悪い発言であったことでしょう。

■羽鳥慎一モーニングショー（4月18日）

この日の放送では元朝日新聞記者の浜田敬子氏がコメンテイターを務めていました。浜田氏も上谷弁護士と同様に取材先からのセクハラが多いことを告白しています。

浜田氏：今でも今回の財務次官の件に限らず、取材先からのセクハラは非常に多い。例えば警察・役所・官僚からのセクハラというのが非常に多い。みんな一回や二回はあったことがあるという声が集まってきている。なぜこれがなくならないのか。まず私たちが所属している会社に問題があるのではないかという話になっている。取材先との関係を個人の記者としても大事にするし、会社としても非常に気を遣う。となると、会社に対して取材先からこういうセクハラを受けましたというのが言い出しにくい。なぜならば他の記者との関係が悪くなるのではないかみたいなことをどうしても思ってしまって我慢してしまうという構造がある。会社の中の雰囲気としても、ちょっとくらいそういうことを言われたくらいで、我慢してかわしてネタ取ってくるのが良い記者だろうみたいな雰囲気もあることで、どんどんどん会社の中にも被害を言い出しにくくなる。そこ自体も結構問題があるのではないかという話にはなっている。

浜田氏はセクハラを会社に言い出せない動機として、会社の雰囲気があると認めています。これは上谷さくら弁護士が証言した「暗黙の了解」と一致します。

男女雇用機会均等法では、職場におけるセクハラの発生を防止するために、事業主が雇用管理上必要な措置を取るよう義務付けていますが、実際にはそのような措置が十分に取れていないことになります。セクハラを行う人物に人権の意識が希薄なことは明らかですが、セクハラを許容する組織も同様に人権の意識が希薄であるといえます。なお、この発言もテレビ朝日にとっては極めて都合が悪いものであったはずです。

■弁護士事務所の調査方針（4月18日）

この日、調査にあたる弁護士事務所から財務省宛に「週刊誌掲載記事に関わる事実関係の調査に係る当事務所の対応」と題した書簡が提出されました。これは、弁護士事務所が法律の専門家として調査の方法を厳しく律することで、調査の中立性の確保と人権への配慮を宣言するものであり、至極妥当な内容でした。

——弁護士としての守秘義務を遵守し中立的な立場を貫くとともに、人権に十分配慮する。

——女性から連絡があった場合、冒頭で、個人を特定する情報は財務省に伏せることも可能である旨を伝え、調査方法は女性の希望を尊重する。

——女性が個人や所属社名を特定する情報を財務省に伏せることを希望する場合には、名前、所属、その他セクハラ行為の時期・場所等も含め、個人の特定に繋がる情報は、全て財務省に伝えず、当事務所内で適正に管理する。

——基本的にはお名前を伺うこととしているが、女性が匿名を希望する場合には匿名でも情報を受け付ける。

——基本的には面談してお話を伺うが、電話での情報提供を希望する方には電話で聴取する。

――面談時には原則2名の弁護士で対応する。その際、少なくとも1名は女性弁護士を含める。

――面談場所は、プライバシーを保護できる適切な場所とし、女性の希望がある場合には、できるだけ女性の希望に沿うこととする。

――セクハラを申告する女性本人から話を聞くこととしている。ただし、女性の代理人が弁護士及び勤務先の上司やセクハラ相談の人事担当者等であれば聴取対象とさせていただく。

――女性が代理人の弁護士や勤務先の上司・同僚を同伴して頂くことは差し支えない。


つまり、財務省の調査方法は、女性が匿名であっても、女性の代理人であっても、また女性の勤務先であっても、第三者の弁護士が被害者側の話を聞くものであり、野党やマスメディアがヒステリックに批判しているような「名乗り」を前提とするものではありません。被害女性記者が望んでいると考えられる告発をオーソライズできるような、真っ当な仕組みだったわけです。

■財政研究会の抗議（4月18日）

財政研究会（財務省記者クラブ）は、麻生大臣と矢野官房長に向けて「福田事務次官に関する報道に係る調査への協力のお願い」について題する書簡を送りました。

4月16日、財務省大臣官房長名で財政研究会加盟各社に要請された福田淳一事務次官のセクハラ疑惑に関する調査への協力について、財政研究会としては下記の理由により、受け入れられず、財務省に対し抗議する。

一、財務省は、調査を外部の弁護士に委託し、「不利益が生じないよう責任を持って対応させて頂く」としているが、弁護士事務所は財務省の顧問を務める事務所であり、被害女性のプライバシーや取材記者としての立場がどのように守られるのかが明確でない

一、そうした状況に加え、事実関係を否定して訴訟準備を進める福田次官の主張が公表されているなかで、被害女性が名乗り出ることは大きな心理的負担となり、さらには、名乗り出た場合、本人に不利益が生じる二次被害につながる懸念が消えない

一、記者は取材過程や取材源の秘匿が職業倫理上求められており、財務省の調査協力要請はそうしたことへの配慮に欠けているといわざるを得ない

一、福田次官はこれまで記者会見を開いていない上、財務省の調査も福田次官の部下である官房長による聞き取り結果が公表されているだけで、十分な調査を実施したのかどうか明確でない。このような状況で、一方的に求められた調査を受け入れれば、被害女性が名乗り出ないことをもって事実関係が曖昧になりかねない

一、説明責任を果たすため、早期に福田次官の記者会見を開くよう要請する

弁護士事務所からの対応にも記されていた通り、弁護士に調査を依頼するということは、被害女性記者の個人情報や秘匿情報が弁護士によって秘匿されるとともに、弁護士の責任の下に不利益が生じないことは常識です。仮に情報漏洩があった場合、担当弁護士の弁護士生命は絶たれることになり、法律でも罰せられることになります。

杉尾議員の前日の発言で明らかになったように、陰では被害女性記者の個人情報に関する噂を流布する一方で、財務省に対しては被害女性記者の個人情報が流出する恐れがあるとして抗議する財政研究会の極めて欺瞞に満ちた行動には絶句してしまいます。

このような論理希薄な抗議を一致して行うメディア・スクラムは極めてナイーヴであり、その存在価値も疑問に感じてしまいます。要は、会社の権威によって守られた世間知らずの「サーカス media circus」の一行が、横一線で画一的な情報を特権的に世間に提供している状況こ

そが、世界に遅れているのです。

■衆議院財務金融委員会（4月18日）

この日の衆議院財務金融委員会では、柚木道義議員がいつもの通り麻生大臣に噛みつきました。キーマンの財務省・矢野康治官房長が補足説明をしています。

柚木議員：なぜ福田次官の声紋鑑定をしないのか。

麻生大臣：福田次官本人も、音声データのような発言をしたことがあることを否定していない。むしろ問題は、どのような場で、どのような相手に対して、どのような流れの中で発言したのかということだ。福田次官が報じられているようなセクハラのやりとりをしたのかどうかを判断するためには、そうした事実関係を鮮明にすることがポイントで、音声データの鑑定を行うよりも、福田次官の声であることを前提に事実関係を解明すべく、調査を進めている。

柚木議員：だったら、確認すればいいのではないか。福田次官の声であるかを本人が認めることは何か差しさわりがあるのか。

麻生大臣：財務省は、福田次官が報じられているセクハラのやりとりをしたかどうかについて、肯定も否定もしていない。現時点ではわからないということだ。そして、一般論として、セクハラ疑惑というものが仮に浮上した場合には、いわゆるデュー・プロセス、適正手続をきちんとした上で、実際にセクハラがあったと認定するためには、どのような場で、どのような相手に対して、どのような流れの中で発言したのかという事実関係をきちんと押さえておかなければならない。人事院の規則があり、財務省ではセクハラの担当官を置いているが、その担当官が調査を行うと、財務省の人間ではないかということになるので、今回は第三者としての弁護士を使って事実関係の解明をデュー・プロセスに従って行っている。音源には、福田次官の声だけで相手側の声はまったく入っていないので、このような対応をさせていただいている。

柚木議員：被害者には、名乗り出てきなさい、名乗り出なければセクハラ認定しないと昨日言っている。こんなアンフェアな調査手法で国民の信頼回復ができると考えているのか。

麻生大臣：別に名乗り出ていただく必要もないことも紙に書いてある。よく読んでほしい。匿名で結構と書いてある。

柚木議員：第三者の弁護士というが、福田次官が相談しているかもしれない弁護士事務所が第三者であり得るわけない。何をもって第三者と定義できるのか。

矢野官房長：セクハラ問題は、被害者の人権を最大限尊重しなければいけない非常にデリケートな問題であることは重々承知している。人事院の規則により、各省にセクハラの担当者がいるが、この者に調査をさせるのでは外部の方に失礼であろうということで、弁護士の方にお願いをしている。弁護士には守秘義務もあり、名前も名乗らなくてもいいことを公表している。最大限の配慮をしているつもりだ。これ以上にどのようにすればセクハラ問題には、二次被害の問題がつきものだが、それをミニマイズできない、ゼロにできないからといって、そこでわからない事実を放置して加害があったと言うことはできない。

柚木議員：財金クラブは財務省の申し出を拒否すると言っている。抗議をすると聞いている。ということは、名乗り出ない可能性が高い。名乗り出なかったらこの被害女性はセクハラ認定されないのか。

矢野官房長：セクハラは、した者とされた者とが出てきて事実認定がなされ、その程度、内容によって判断がなされ、それによって会社あるいは役所において処分がなされ、法廷によって場合によっては処分されるものだ。中身がわからないことには処分に至らないのは世の常だ。被害女性記者は、この報道が事実であれば、雑誌の中で、こんなことをされた、こんなことをされてとても不快だったということをかぎ括弧つきで書いている。であれば、その方が財務省にではなくて弁護士さんに名乗り出て、名前を伏せて言うことがそんなに苦痛なことなのかという思いだ。それ以上に我々は調査のしようがないと思っている。

財務省の方針は一貫して「デュー・プロセス」に従うものです。デュー・プロセスをまったく理解していない柚木議員は声紋鑑定すれば事実が確定すると考えていますが、麻生大臣も答弁しているように、事実を確定するために必要なのは「どのような場で、どのような相手に対して、どのような流れの中で発言したのか」ということであり、被害女性記者の具体的な氏名は必要ではありません。

まるでセクハラ問題の権化のように振る舞い、上から目線で麻生大臣を批判する柚木議員ですが、どんなケースであれ、セクハラ認定がデュー・プロセスに従うという前提をまったく理解していません。**日本は法治国家であり、韓国のように感情で刑罰に処すような国ではないのです。**

なお、この問題において、野党とマスメディアは被害女性記者をステレオタイプのセクハラ被害者であるかのように憶測で勝手に決めつけていますが、被害女性記者の実際の行動を見る限り、非常に心が強く、自分の頭で意思決定し、しかも正義感が強いタフな女性である可能性が高いと考えられます。そうであるなら、仮にテレビ朝日が被害女性記者を特定しなかった場合には、財務省の用意した方法を受け入れ、社会正義のために匿名を条件に弁護士と接触し、セクハラを証言する可能性は十分にあったのではないでしょうか。矢野官房長の説明は合理的であり、財務省の提案こそが、セカンド・ハラスメントをミニマイズし、真実を公平に解明するためのに資するものだったのです。

■福田次官の辞任発表（4月18日）

この日の夕方に突然、麻生大臣から福田次官の辞任が発表されました。

麻生大臣：福田淳一事務次官から、疑惑については引き続き身の潔白を明らかにしていきたいが、この報道をきっかけとした現在の状況を鑑みると職責を果たすことが困難であるとして辞職の申し出があり、私としてはこれを認めることにしている。今後閣議での承認を経て発令することになる。次官の職務は当面、矢野官房長に代行させる。

この麻生大臣の発表の後、福田次官の記者会見がありました（以下抜粋）。

福田次官：週刊誌に掲載された私に関する記事については、事実と異なるものと考えており、裁判の中で引き続き争ってまいりたいと考えている。他方、財務省が厳しい状況に陥っている中で、さらに私のことで、このような報道が出てしまったこと自体が不徳の致すところだ。また報道後の現状に鑑みると、財務事務次官としての職責を果たしていくことが困難な状況になっていると、私自身が考え、先ほど麻生財務大臣に対して辞職を申し入れた。麻生大臣からはご了解をいただいたところだ。私のことでご迷惑をお掛けしたすべての関係者の皆さまにお詫びを申し上げたいと思う。

記者：一部週刊誌で報じられたセクハラ疑惑の音声は福田次官自身のものと認めるか。

福田次官：自分の声は自分の身体を通じて聞くので、録音された声が自分のものかどうかよくわからない。ただ、福田の声に聞こえるという方が多数おられることは知っている。

記者：あのような女性記者との会合を持った記憶はあるか。

福田次官：ここにおられるのは財研の方が多いかと思うが、新聞記者の人とは男女を問わず、会合を持っていることはある。１対１で会合を持つことはもちろんある。ただし、あんな発言をしたことはない。

記者：大体の会話の内容から記憶を探ったということは。

福田次官：一生懸命読んだ。予算が成立したら云々というのがある一方、ごみの運び出しの記述もあって、それは前後関係が逆なので、どういうことかよくわからないというのが正直なところだ。

記者：コメントの中で被害に遭ったとされる女性記者に名乗り出て協力してほしいと言っているが、そのことについて批判が出ているが。

福田次官：担当者がこういう問題の処理の専門家に聞いて、被害者の方にも聞くというのが通常であるという話を聞いてああいう整理をしたのではないかと思う。

記者：自身のセクハラに対する認識が甘いと考えたことはないのか。

福田次官：「言葉遊び」のところが結構批判を受けている。今の時代というのはそういう感じなのかなとは思った。

記者：自身がセクハラと認識していないだけではと考える方もいると思うが。立ち戻って考えたことはないか。

福田次官：正直にセクハラという認識はないというふうに表現していると思う。私のコメントは。

福田次官は、週刊誌の記事は事実と異なるとして裁判で争うつもりであるとしています。そして辞任理由は、あくまでも財務事務次官としての職責を果たしていくことが困難な状況になっているためだといっています。

会見における財政研究会の質問については、福田次官の記者会見を要求していた割には、総じてどうでもよい質問に終始していました。

福田次官に心境や感想を訊く質問や、福田次官の倫理を問うレトリカル・クエスチョンは事実解明にはまったく無意味であり、財政研究会と称する記者クラブの程度の低さを露呈したのではないでしょうか。

「政治記者」という肩書の割には、ワイドショーの芸能レポーターと実力的には大差ないようです。

■民進党の公式見解発表（４月18日）

この福田次官の辞任を受けて、民進党（当時）の増子幹事長は次のような見解を党のウェブサイトにアップロードしました。

辞任の受け止めを問われた増子幹事長は「辞任ではなく、麻生大臣は罷免をすべきだった。セクハラ発言は言語道断の問題で、罷免が当然だ。同時に、財務省の森友問題の公文書の改ざん等もあるので、あらためて麻生大臣の辞任も要求する」などと語り、麻生大臣の辞任を求めていく考えを強調した。

あわせて、このセクハラ疑惑に関して財務省が官房長名で報道各社の担当女性記者に調査協力を求めていた件を増子幹事長は問題視し、「女性記者に名乗り出るよう呼びかけをすること自体がまったく反省がなく、人権も蹂躙していると思わざるを得ない。こういうやり方が財務省の体質なのか、それとも麻生大臣の監督不行き届きなのか等も含め、今後も徹底的にこの問題について真相解明等をしていかなければいけない」と指摘した。

増子幹事長の主張は、事実が確定する前に印象で人を裁き、さらにその関係者に連帯責任を負わせるという、まるで全体主義国家にあるような危険な要求です。被害女性記者がどのような意思を持っているか不明であるにもかかわらず、その内心を勝手に見透かし、それを根拠に真層解明を妨害していますそしてその発言とは矛盾するように「真相解明等をしていかなければならない」と主張しているのですから支離滅裂です。

このような自己矛盾について自己認識している形跡もなく、ただただ一貫しているのは政権を批判するということだけ。これは、セクハラ事案の政治利用に他なりません。

■報道ステーション（4月18日）

この日の放送では、富川悠太アナ・後藤謙次氏にテレビ朝日財務省担当の朝日健一記者を交えて、福田次官の辞任について、たっぷりと時間を割いて報道しました。

富川アナ：なぜ急転直下辞任ということになったのか。

朝日記者：実は自民党側は先週金曜日の時点で内々に福田次官に辞任するよう求めていた。先週末には辞任すると思っていた。ただ財務省はゴールデンウィーク前後といわれていた森友学園の調査結果の省内の処分をしなければいけないことから、「なんとかそこまでは福田氏にやってもらいたい」「もたせたい」という願望があった。ある財務省関係者は「とにかく福田氏に耐えてもらうしかない」と話していた。そこで辞任を引き延ばし、月曜日に弁護士事務所を使って調査をするというペーパーを発表したわけだ。これが「女性議員、名乗り出ろ」としたことから調査方法に批判が巻き起こり、自民党側から今日、「いい加減にしろ」と内々に財務省へ最終通告がされた。

富川アナ：明日から麻生大臣がG20でワシントンに向けて出発するということだが、そういったタイミングというのも今回の辞任表明にあったのか。

朝日記者：G20に行くとなると、辞任のタイミングが週をまたいで来週以降になるということになる。閣僚が外遊する場合は、国会の承認を得るのが通例だが、今回野党側が反発したので渡航の許可が下りないまま出発ということになる。日本は来年G20の議長国なので何とも出席したいところで今日中の決着となった。また長引くと影響がずっと引きずることになるので長引かせないためというのも一因としてある。

富川アナ：タイミングといえば安倍総理の訪米中でもある。

後藤氏：今回安倍氏の訪米という問題以上に世論の沸騰の方にこれ以上抗しきれなかったのが最大の要因だ。明日『週刊新潮』に第二弾が報じられる。そのタイミングだ。さらにG20が待ち構えると。さらにその上にさまざまな要素が折り重なってきている。そして一番大きかったのは新潟県の米山知事だ。米山氏が辞めるということで「財務省はいつまでグズグズしているんだ」「往生際が悪い」という批判がさらに財務省に圧力を掛けてくる。

富川アナ：米山知事は今日辞職を表明した。

後藤氏：それに遅れてしまうと「財務省は何の反省もしていないではないか」という批判がさらに高まるということがあった。今朝の与党の幹事長会談が非常に大きい。「子どもじゃないのだからグズグズするな」とその後に自民党の幹部が福田氏に直接伝えた。一つは「速くけじめをつけろ。それが与党内の態勢だ」と。さらにその上で「身の潔白については自分でやれ」ということで突き放したのが大きな要素だ。

富川アナ：責任論という意味では麻生大臣についてはどうか。

後藤氏：麻生大臣には任命責任がある。こういう事態を収拾できなかったという事態対応の責任がある。さらに佐川氏が3月に自ら処分をして国税庁長官の職を離れている。二重の意味で麻生氏は財務省を掌握しきれなかった。政治家の責任としては非常に大きい。

富川アナ：財務省の中で麻生大臣の責任論は聞こえてくるか。

朝日記者：責任論というよりは今回の判断だ。福田次官をここまで引っ張ったということの判断がどうだったのか疑問の声が上がっている。

富川アナ：福田次官の辞任は財務省内でやむなしということか。

朝日記者：今日突然の辞任ということで「一体何が起こったんだろう」という驚きが受けとめられていた。省内も「森友の結果が出るまでもたせたい」「もつだろう」と考えていた人も少なからずいた。でも結局「もたなかった」という感想というか「もたなかったな」という感情で話す人は多い。

富川アナ：辞任を表明したが、まだ混乱が続くような気がする。

この日もテレビ朝日財務省担当・朝日記者が、根拠も示さずに当事者の心情を勝手に代弁し、まるで歴史小説のように福田次官の辞任を取り巻く因果関係を語っています。これは検証不可能な物語風の仮説を根拠にして推論する**【もっともらしい物語 just-so story】**と呼ばれる誤謬です。公正を前提とするテレビ放送において、このような記者クラブの記者のみぞ知る検証不可能な情報を乱発していることは極めて危険です。

仮に情報ソースの人物から本当にそのようなオフレコ情報を得ていたとしても、それはその情報ソースの人物が確信的に流出している虚偽情報である可能性もあります。

一方、後藤氏は、個人的憶測に基づき、福田次官辞任の最大の要因は新潟県米山隆一知事の辞任にあるとしています。

米山知事の買春・援助交際疑惑と福田次官の言葉によるセクハラ疑惑では、その罪状のレベルが大きく異なるにもかかわらず、「財務省はいつまでグズグズしているんだ」「往生際が悪い」などと事案を同列に取り扱う評価を創作し、視聴者を**【倫理操作 ethical manipulation】**しています。「米山知事の辞職に遅れると、財務省は何の反省もしていないではないか」という批判が起こると勝手に国民の内心を予測するのも同様の倫理操作です。不満を解消したいと考える一部の大衆に対してたたきやすいスケープゴートを提供しているのです。

さらに、後藤氏はこの日も麻生大臣に対して政治責任を取ることを繰り返し要求しています。テレビ放送において、政界に責任論があることを証拠とともに報じるのは自由ですが、放送中に一人しか登場しないコメンテイターが個人の価値観を国民の価値観であるかのように偽って「責任が大きい」と断言するのは放送法に違反しています。

さて、この日の番組の放送終了直前に、富川アナウンサーが次のような発表をしました。

富川アナ：明日は松坂大輔投手が先発、「熱盛！」って言いたいですね。さて、そしてここでもう一つお伝えします。財務省の福田淳一事務次官が女性記者にセクハラをしたという問題でテレビ朝日が社内調査をしたところ、福田次官を取材した女性社員がセクハラの被害を受けていたことが明らかになりました。この社員は取材での次官とのやり取りを録音していて次官のセクハラ発言が確認されました。テレビ朝日はこの後、午前0時から記者会見をして調査内容を明らかにします。そして明日の『報道ステーション』は『ドラマ未解決の女初回スペシャル』のため、いつもより15分遅い午後10時9分スタートになります。いつもより遅い時間ですがどうぞお付き合いください。何度も言いますが、明日は松坂大輔投手です！　楽しみでしょうがないです。それでは。

連日番組でセクハラを極端に問題視して放送していたにもかかわらず、自らが関わる極めて重要な局面の変化については放送終了間近にほんの少し触れるだけ、しかも番宣とプロ野球の予告を優先する有様です。これこそテレビ朝日の不誠実極まりない態度の表れであると考える次第です。

そして、その会見から浮き彫りになったのはテレビ朝日のセクハラ意識の低さでした。

第2章

テレビ朝日の会見と疑惑の深層

テレ朝の対応と野党によるセクハラ騒動の政治利用

２０１８年４月19日、多くの人が眠りについている深夜０時から始まったテレビ朝日の会見によって、福田財務次官のセクハラを『週刊新潮』に訴えたのは、テレビ朝日の女性記者であることが明らかになりました。

本章では、この会見で明らかになったことを含めて、疑惑の深層を垣間見るとともに、ますます調子に乗って財務省内でデモを行うまでに至ったパワハラ・モラハラ野党議員の政治ショーについてウォッチします。

■テレビ朝日会見（4月19日）

テレビ朝日は、２０１８年４月19日午前０：00より緊急記者会見を開き、同局の女性記者が財務省・福田事務次官のセクハラの被害者であることを篠塚浩取締役報道局長が発表しました。

篠塚報道局長：『週刊新潮』で報じられている福田財務次官のセクハラ問題について、セクハラを受けたとされる記者の中に、当社の女性社員がいることが判明しました。当該社員は、当社の聞き取りに対しまして、福田氏によるセクハラ被害を申し出、当社として録音内容の吟味および関係者からの事情聴取等を含めた調査を行った結果、セクハラ被害があったと判断しました。

皆様ご承知のように、福田氏は先程、財務次官を辞任する旨を発表いたしました。その記者会見の場で『週刊新潮』が指摘したセクハラ行為を否定しておられます。しかし、当社社員に対するセクハラ行為があったことは事実であると考えております。女性社員は、精神的に大きなショックを受け、セクハラ行為について事実を曖昧にしてはならないという思いを持っております。当社は、女性社員の意向を確認の上、今現在こうして会見を行っております。当社は、福田氏による当社社員を傷つける数々の行為とその後の対応について、財務省に対して正式に抗議する予定です。

この社員ですが、１年半程前から数回、取材目的で福田氏と１対１で会食をしましたが、その度にセクハラ発言があったことから、自らの身を守るために会話の録音を始めました。今月４日に、福田氏から連絡を受け、取材のために１対１の飲食の機会がありましたが、その際にもセクハラ発言が多数あったことから、途中から録音をいたしました。そして後日、上司にセクハラの事実を報じるべきではないかと相談しました。しかし、上司は、放送すると本人が特定され、いわゆる二次被害が心配されることなどを理由に、報道は難しいと伝えました。そのため、この社員は、財務次官という社会的に責任の重い立場にある人物による不適切な行為が表に出なければ、このままセクハラ被害が黙認され続けてしまうのではないかという強い思いから、『週刊新潮』に連絡をし、取材を受けたということです。この社員はその後、『週刊新潮』からの要請を受けて、録音一部を提供しています。

当社と致しましては、先程申し上げましたように、当社社員がセクハラ被害を受けたことを財務省に抗議するとともに、今後、セクハラの被害者である当社社員の人権を徹底的に守っていく考えです。一方で、当社社員から、セクハラの情報があったにもかかわらず、適切な対応が出来なかったことに関しては深く反省しております。また、当社社員が、取材活動で得た情報を第三者に渡したことは、報道機関として不適切な行為であり、当社として遺憾に思っています。

なお、セクシャル・ハラスメントという事案の性格から、当社としては、被害者保護を第一に考え、当該社員の氏名をはじめ個人の特定に繋がる情報は開示をしない方針であります。報道各社の皆様においても、ご配慮をいただきますようお願い致します。コメントは以上でございます。

このテレビ朝日篠塚報道局長の説明から、女性記者の行動は次の3つのプロセスから構成されていることがわかります。

（a）女性記者は、1年半程前から数回、取材目的で福田氏と1対1で会食をしたが、その度にセクハラ発言があった。

（b）女性記者が上司に「セクハラの事実を報じるべきではないか」と相談したところ、放送すると本人が特定され、いわゆる二次被害が心配されることなどを理由に、上司は「報道は難しい」と伝えた。

（c）女性記者は、このままセクハラ被害が黙認され続けてしまうのではないかという強い思いから、『週刊新潮』に連絡し、取材を受けた。

素直に考えれば、これらの3つの行動にはそれぞれ不可解な点があります。

まず（a）については、なぜ会食の度にセクハラ発言する人物の取材を長期間にわたり許容していたのかということ。取材は能動的な行為なので、いつでも自分の意思で中止することができるはずです。

次に（b）については、なぜテレビ朝日は政府批判の恰好のネタとなる官僚のセクハラをこれまでに報じなかったのかという点。さらに（c）については、他社に取材情報を提供するという、テレビ朝日内での自分の立場を決定的に悪くするようなリスキーな行為をなぜ行ったのかということです。

実は、これらの不可解な行動のメカニズムを矛盾なく説明できるのが、前章に掲載した上谷さくら弁護士の言説です。

上谷弁護士（『報道ステーション』2018年4月17日）：取材先にもいろいろな人がいるし、女性記者はセクハラ発言をする人に対してもうまくかわしながら上手に懐に入り込んでうまくネタを取ってくるということが暗黙の了解というか会社から期待されていて無言のプレッシャーとなっている。なので、それができなくて、セクハラありましたと声を上げると、会社の期待にも沿えないし、自分の会社と組織との関係が良くなくなってきて、その女性記者自身も会社に居づらくなるというケースが考えられる。

マスメディアとセクハラを専門とする女性弁護士が語ったのは、マスメディア業界において女性記者の「暗黙の了解」という名の会社への**【忖度 sontaku】**が常態化していることを示す経験則であり、富川悠太アナも小川彩佳アナもこの考え方に強く同意していました。まさか、その「暗黙の了解」が実際にテレビ朝日でも存在していたことが、この放送の翌日に発覚するとは予想もしていなかったことでしょう。

ここで、上谷弁護士が提示した経験則を用いれば、上記（a）（b）（c）の不可解な行動を合理的に説明することができます。

まず（a）に示した「会食の度にセクハラ発言する人物の取材を長期間にわたり許容していた」という不可解な行動は、「女性記者はセクハラ発言をする人に対してもうまくかわしながら上手に懐に入り込んでネタを取ってくるということが暗黙の了解というか会社から期待されていて無言のプレッシャー」のためであると考えれば説明がつきます。

次に（b）に示した「テレビ朝日が政府批判の恰好のネタとなる官僚のセクハラをこれまでに報じなかった」という不可解な行動は、「セクハラありましたと声を上げると、会社の期待にも沿えない」という言葉に暗示されている「セクハラよりも情報重視」という会社の方針があると考えれば説明がつきます。事実、女性記者の上司は、女性記者の要請を断って「報道は難しい」と報じることを拒否しています。

さらに（c）に示した「他社に取材情報を提供するというテレビ朝日内での自分の立場を決定的に悪くするようなリスキーな行為を行った」という不可解な行動についても、「自分の会社と組織との関係が良くなくなってきて、その女性記者自身も会社に居づらくなる」という信頼関係の変化に起因すると考えれば説明がつきます。

このように、テレビ朝日の緊急会見で判明した事実は、上谷弁護士が提示した経験則とよく整合することがわかります。

テレビ朝日が上谷弁護士を番組のゲストに起用してその経験則を事前に肯定していた以上、テレビ朝日が自らのセクハラ行為を否定するためには、上記（a）（b）（c）の理由を合理的に説明する責任が発生します。これは、存在しないことを証明する**【悪魔の証明】**とは異なることに留意が必要です。

おそらく『報道ステーション』は、セクハラがあったことを財務省の顧問弁護士に申告するという財務省の調査方法を批判するために上谷弁護士を起用して経験則を語らせたものと考えられます。しかし、被害女性記者がテレビ朝日に事情を告白してしまったがためにすべての目論見は反転し、テレビ朝日は、女性に対する人権軽視といえる自らのセクハラを追及される側に立たされてしまったのです。

なお、最後に強調した「セクシャル・ハラスメントという事案の性格から、テレビ朝日は、被害者保護を第一に考え、当該社員の氏名をはじめ個人の特定に繋がる情報は開示しない方針」を宣言しました。この決定は至極妥当であるといえます。

■羽鳥慎一モーニングショー（4月19日）

この日の放送では、早速テレビ朝日の深夜の会見を特集しました。おそらく、会見から番組開始まで番組スタッフは徹夜で準備をしたものと考えられます。

テレビ朝日がすべてを掌握していることを証明する考えもあるのか、番組ではこれまでに『週刊新潮』では公表されていない内容をテキストで紹介しました。

以下、重要部分を抜粋します。

〈２０１８年４月４日のやり取り〉

被害女性記者：福田さんも忙しいんじゃないですか？　もう大丈夫ですか？

福田次官：もう俺はやることとあんまりないもん。

福田次官：きょうねえ、きょうねえ、抱きしめていい？

被害女性記者：ダメです。

被害女性記者：あの、ちょっと真面目な話をしていいですか。

福田次官：どうぞ。

被害女性記者：佐川さんの証人喚問終わって、調査が続いていると思うんですけど、いつぐらい、めどにしておけばいいんですか、心構え。

福田次官：わかんない。わかんない。矢野に聞いてくれよ。

〈2016年11月のやり取り（東京・目黒駅近くのワインバルでの会食）〉

福田次官：毎日のバカがさ、車に乗ってきやがってさ、朝来てさ、しょうがない質問するから頭にきてんだよ。

被害女性記者：どういうことですか？車に乗ってきて、朝？

福田次官：車に箱乗りさせてくれって来るわけ。

被害女性記者：家の前に？

福田次官：かわいそうだから乗せていくじゃない？　しょうもないことばっか聞きやがって、あいつもう乗せないよ。

被害女性記者：何を聞いてきたんですか？

福田次官：あれはどうなんですか、知らねえよって言ったら、知らないわけないじゃないですか。知らないわけないけど、オレが知らねえよって言ってるんだから、知らねえって答えていることを前提に聞けよって、だろ？

福田次官：キスしていい？

被害女性記者：ダメ。

福田次官：すっごいしたいんだけど。

福田次官：すごく好きだって気持ちと、胸を触りたいという気持ちと、キスをしたいという気持ちが、同時に湧き起こっている。

福田次官：何カップ？　すっごい好きになっちゃったんだけど。ちょっと好きになったり……

福田次官：俺、新聞記者ならいい新聞記者になってる。

被害女性記者：そうじゃないですか？

福田次官：キスする？

被害女性記者：じゃ、キスする記者に何かいい情報あげようと思わない。

福田次官：そりゃ思うよ。

被害女性記者：ええ？　本当ですか？

福田次官：好きだからキスしたい。キスは簡単。好きだから情報。

被害女性記者：へぇ。

以上の発言はテキストだけなので、その真偽や言葉のニュアンスは不明ですが、財務省がデュー・プロセスとして必要とする「どのような場で、どのような相手に対して、どのような流れの中で発言したのか」という点についてはある程度答える内容になっています。

仮に、福田次官が唐突に発言している「卑猥な言葉」とその直前に被害女性記者が発言している「普通の言葉」との間に省略がないことが音源によって証明されれば、どのような流れであることが確定することとなり、財務省は福田次官がセクハラ行為を行ったことを認定するはずです。

このことはそんなに難しいことではなく、音源のホルダーとなったテレビ朝日が財務省に対し、その問題部分に限定して音源を示せば済むことです。テレビ朝日が主張しているように、音源は防犯目的で録音されたものであり、弁護士に開示することは情報源の秘匿原則に抵触しませんし、そもそもその情報源自体が情報源の公開を望む福田次官に他なりません。弁護士は被害女性記者が誰であるかを知るよしもないため、部分的な音源のみを示すことで被害女性が特定される可能性はないはずです。

このような状況において、テレビ朝日が被害女性の代理人として弁護士に一部の音源を開示することは、社会正義であり、何よりも被害女性記者が望む福田次官のセクハラ認定に貢献するものです。それにもかかわらず、テレビ朝日は最後まで協力をしませんでした。

テレビ朝日・玉川徹氏に政治評論家の田崎史郎氏を交えたこの日のスタジオトークは次の通りです。

玉川氏：私もテレビ朝日の社員だが、取材で知り得た情報を第三者に流すというのは、筑紫さんが「ＴＢＳは死んだ」と言ったときのオウムのヴィデオ事件からだ。局としてはそう言わざるを得ないが、これはあのときとは違って僕は公益通報だったんだろうと思う。会社に上げてもこれは上に上がらないと。本当は我われは伝えるべきメディアだから、本当はテレビ朝日で伝えなければいけなかったんだと僕は今でも思う。だけどそれを伝えることはできないと彼女は考えて、きっと彼女は正義感と良心から週刊新潮に持ち込まざるを得なかった。それを考えると、いま彼女は反省していると言っているけれども、それは建前上そうかもしれないけれど、彼女がやったことは正しかったと思う。だってしょうがないんだもの。そこで、テレビ朝日は反省しなければいけない。もちろん、報道局長も反省すると言っているが、まさに反省しなければいけないところで、記者という立場は強い権力を持っている事務次官から取って来なければならない。ネタを仲良くなって取らなければならないという構造になっている。とすると、ああいうふうなことも我慢しなければいけない。自分一人の問題でなくて、これを我慢できないで例えば問題にしたら、会社全体に迷惑がかかるのではないか。会社全体に迷惑がかかるだけでなくてクラブ全体に迷惑がかかるのではないかと。逆に言うとこれは、上司が言わなくても共通認識としてたぶん暗黙である。

羽鳥氏：だから財務省が「出られるものだったら出てきなさい」というような趣旨の協力・調査をお願いしますというのが批判を浴びた。

玉川氏：財務省が許せないのはそこをたぶんわかった上で対応してきたということだ。どうせ出てこれないだろうと。違います。出ます。僕はテレビ朝日の社員だが、ここで公表したことは一個人として評価できる。やはり論語にある「過ちては改むるに憚ること勿れ」という通りでここからやると。ここから変えるんだということにつなげていかないと。僕も男性だから自分をもう一回点検しなければいけない。本当にこれがハラスメントになっていないかどうか。つまり立場が重ければ重いほど、ハラスメントは自分の職を失うくらい重いことなんだということを全員がもう一回再点検してやっていかないと社会は変わらない。

田崎氏：福田氏の会見で許せないのはお詫びしながら頭を1回も下げていない。

羽鳥氏：あと何かニヤニヤしているところもあった。

田崎氏：本当に自分で悪いと思っていない。

羽鳥氏：麻生氏の責任はどうか。

玉川氏：一番直属の部下が大きな問題を起こして、まずはちゃんと大臣として本当のことはどうなっているのか、専門鑑定とか全然していないので、事実を明らかにするという指示をまず出さなければいけない。その上で、やっぱり民間企業だったらトップがどういう責任を取るのか考えれば、もう自ずとわかる。

被害女性記者の所属先に対する玉川氏の批判は最初から一貫していて極めて公正です。テレビ朝日が事実上公開を拒否した以上、社会正義の実現のために被害女性記者が論理的に実行可能な選択肢は、事実を週刊新潮等の他のメディアを通して公表することのみであったといえます。

このセクハラ事案の直接原因となったのはセクハラの加害者に他なりませんが、重大な間接原因となったのは、セクハラに抗することなく黙認してしまったテレビ朝日の体質に他なりません。たとえ自らの所属先でもあるテレビ朝日が被害女性記者の所属先でもあることが判明しても、決して玉川氏は批判を緩めません。

一方で、羽鳥氏が「出られるものだったら出てきなさい」というような趣旨の協力・調査を財務省が要請しているとする発言は、他者の言説を勝手な解釈で言い換えてその部分を批判するストローマン論証です。

そもそも財務省には、予見不可能な個人的な不祥事を犯した職員を守る必要はまったくありません。また、田崎氏の「頭を1回も下げていない」や羽鳥氏の「ニヤニヤしているところもあった」など発言は単なる揚げ足取りに過ぎないのは明らかです。だいたい、『報道ステーション』では、放送の訂正のお詫びをした直後にバカ笑いするのはいつものことではありませんか。

このような発言は情報弱者を倫理操作するばかりでなく、批判される当事者にとっては公然のモラハラに他なりません。正義の味方の仮面を被ってセクハラを批判している人物が、一方で堂々とハラスメントを行っているのは極めてシュールな風景ではないでしょうか。

なお、麻生大臣の責任について、「民間企業だったらトップがどういう責任を取るのか考えれば、もう自ずとわかる」というステレオタイプのコメントを残した玉川氏は極めて傲慢です。

今回のセクハラの素因は加害者であることに他なりませんが、セクハラの誘因を作ったのは明らかに被害女性記者の上司です。また、被害女性記者はオフレコの取材音源を第三者である新潮社に渡してしまいました。これは重大な報道倫理違反です。

その所属民間企業であるテレビ朝日のトップが何の責任も取っていないことを玉川氏はわかっていないようです。

■テレビ朝日から財務省への抗議（4月19日）

テレビ朝日・篠塚浩取締役報道局長は、財務省・矢野康治大臣官房長に「貴省事務次官による当社社員へのセクハラ行為に対する抗議」と題する抗議文を送りました。

> 今般、当社の女性社員から、貴省福田淳一事務次官への複数回の取材において福田氏からセクシャルハラスメントを受けたとの申し出がありました。当社として調査をしてまいりましたが、取材の過程で福田氏からわいせつな言葉などセクハラ行為が相当数あったと判断いたしました。女性社員は精神的に大きなショックを受けております。
>
> 財務事務次官という社会的に責任の重い立場にある福田氏が、優越的な立場に乗じて行ったセクハラ行為は、当社として到底看過できるものではありません。またこのようなセクハラ行為は正常な取材活動による国民への的確な情報提供を目的とする報道機関全体にとっても由々しきことと考えております。
>
> ここに厳重に抗議するとともに、貴省として徹底的な調査を行い、早急にその結果を公表するよう求めます。

テレビ朝日は、上司が被害女性記者からセクハラの報告を受けた段階で、このような抗議を財務省に行うべきでした。もしもそのときに抗議を行っていれば、事態が改善され、被害女性記者に対するその後の被害を未然に防ぐことができたことは明らかです。

いずれにしても、実質上、被害女性記者の代理人となったテレビ朝日は、被害女性記者の本来の目的である福田次官の断罪を行うためには、そのために必要な証拠に関わる情報を窓口の弁護士事務所に提供する必要がありました。

しかしながら、この文書には情報の提供に関する記述はなく、財務省に対して「徹底的な調査」を要求しているのみです。証拠がないために財務省が国家公務員法に従った処分を実施できないことを知っているテレビ朝日が、やみくもな「徹底的な調査」を要求するのは明らかに不合理です。証拠を持たない財務省にできることといえば、福田次官にひたすら自白を強要する以外ありません。

これでは社会正義は成立しないことはいうまでもないでしょう。

■野党合同ヒアリング(4月19日)

この日も柚木道義議員は財務官僚を大声で罵りました。

柚木議員:次官は辞任か更迭かで退職金5千万円の扱いが変わる。今や安倍政権ぐるみのセクハラ、圧力になっているから、単なる辞任で国民が納得すると思っているのか。それから私への答弁で矢野官房長が「匿名で申し出ることがそんなに負担になるのかは理解できない」と言った。そのこと自体がセカンド・レイプ、二次被害を拡大させている。匿名だったらいいだろう。出てこいと。これは国際的にも大問題だ。財研クラブの申し入れを拒否して財研クラブの報道の自由と国民の権利を守ることを無視するのか。匿名ならいいというのであれば、二度と安倍政権は女性活躍なんて言うな。このやり方を安倍総理も容認した。今のままだと次官の辞任だけでは終わらない。安倍総理・麻生大臣、安倍政権ぐるみのセクハラそして揉み消しという見られ方になっている。今や福田次官の問題ではない。

柚木議員が被害女性記者の内心を勝手に代弁し、事案に対して何の決定を下したわけでもない財務官僚をヒステリックに罵るのは極めて不合理です。これは、**セクハラとは無関係の公務員に対して優位性を持つ国会議員の集団が不合理な根拠で怒鳴りまくるというパワハラです。**和製英語であるパワハラは、外国ではほとんど発生することがない日本独特のハラスメントであり、基本的人権を著しく侵害するものです。あえていうなら、このことこそが「国際的な大問題」です。

柚木議員が「セカンド・レイプ」と誇張する二次被害を拡大させているのは、被害女性記者を特定する情報を流布している杉尾議員や古賀茂明氏です。ちなみにこの日の夜、柚木議員自身が被害女性記者の特定をさらに促す情報をＳＮＳで流布することになります。まさに、言っていることとやっていることが１８０度違っています。

報道の自由とはまったく関係のない財研クラブのナイーヴな申し入れに財務省が応じないこ

とをもって「報道の自由と国民の権利を守ることを無視する」とするのも意味不明です。柚木議員はわけもわからずにレッテル貼りをしているといえます。

同様に、柚木議員は、国家公務員法に基づくデュー・プロセスを「安倍総理・麻生大臣、安倍政権ぐるみのセクハラそして揉み消し」とレッテル貼りしています。何の脈絡もなくても、悪いことはすべて安倍政権のせいにする「アベノセイダーズ」による「アベガー症候群」です(笑)。日本国民は、このような人権侵害とセクハラの政治利用を許容すべきではありません。

■報道ステーション(4月19日)

テレビ朝日の会見を受けてのこの日、テレビ朝日の看板報道番組のスタジオトークでは、後藤謙次氏があからさまにテレビ朝日を擁護し、政権を徹底的に批判しました。

富川アナ:テレビ朝日の今回の対応について率直にどう思うか。

後藤氏:テレビ朝日は最初女性記者から相談を受けたと聞いて、このときの対応についてはは大いに反省してもらいたいと思う。ただ、今回記者会見をして事実を公表した。これで**ギリギリセーフ**だという気がする。女性記者については、テープを新潮社側に提供したということで、記者としての職業倫理が問われているという声があるが、そうは思わない。

この女性記者が自らセクハラから身を守るために途中から録音テープを出したと言っている。その時点でそれは取材行為でなくなってしまう。つまりそもそも記者の倫理の範疇に入らない問題ということで、彼女の意を汲んだテレビ朝日の対応も、最後ギリギリセーフだったと思う。

富川アナ：一方で福田次官は今日も否定した。一連の対応については。

後藤氏：これはちょっと信じられない。被害者の女性をさらに傷つけるような発言であるし、全体を見てほしいという発言があったが、全体を見るということは、自分の部分については正しい音声だったということを認めているようなものだ。

富川アナ：福田氏に関しても佐川氏に関しても麻生大臣は守り続けてきた。この責任というのは。

後藤氏：非常に大きい。まず任命責任が当然ある。去年の２月に森友問題が発覚して以来、財務省の混乱を収拾できなかった。その財務省トップとしての責任がある。さらにこのセクハラ疑惑について、一貫して次官の立場に立って、被害者の立場に立ってきちっと対応しようとしてこなかった。しかもあの人権を踏みにじるような調査について容認した。この責任は極めて大きい。さらにこれから先予算編成、骨太の方針の決定、財務大臣としてやるべきことは非常にあるが、その優先順位とかその戦略が全然見えてこない。あらゆる意味で麻生副総理は責任を取るべきときに来ている。

富川アナ：それがまた安倍政権へのダメージになり、今回安倍氏がいなかったということでこういうことが起きてしまったということもまた……。

後藤氏：大きいと思う。

結論から言えば、**後藤氏の「ギリギリセーフ」発言は、明らかにテレビ朝日がセクハラを誘発したことに対する過小評価であり、その責任を矮小化する極めて有害なものです。**

ここで今回のセクハラの発生メカニズムについて考えてみたいと思います。仮に福田次官が、テレビ朝日が説明したようなセクハラ行為を行っていた場合、その原因は次の通りです。

（1）福田次官という加害者（セクハラの行為者）が存在していたこと（素因）
（2）被害女性記者の上司が福田次官のセクハラ行為を認識しながら放置していたこと（誘因）
（3）被害女性記者がセクハラを恐れずに取材することが暗黙の了解となっていたこと（誘因）

今回のセクハラはこの3つの原因が同時に成立しなければ発生しなかったといえます。

ここで、もう少し詳しく見ていきます。まず（1）に関して、セクハラの加害者（行為者）

がいなければ、セクハラが発生しないのは自明です。

次に（２）に関して、被害女性記者の訴えを聞いたテレビ朝日が加害者に抗議すると同時に被害女性記者を二度と加害者に近づけない抜本的な対策を行っていればセクハラは発生しませんでした。むしろセクハラの事実を認識していて、環境を抜本的に改善しなかったことは、明らかなセクハラです。少なくとも、このような不完全な対応によって、被害女性記者の就業環境が害されたことは間違いないので、テレビ朝日は男女雇用機会均等法に定められた雇用管理責任を問われる必要があります。

そして（３）に関して、被害女性記者がセクハラを受けている加害者に対する取材を自由意思で回避できる環境が確保されていれば、セクハラは発生しませんでした。

先述した『報道ステーション』上谷さくら弁護士や『羽鳥慎一モーニングショー』玉川徹氏といったマスメディア業界の事情に精通した人物の言説から推測するに、被害女性記者は、セクハラを我慢して情報を得るということに「暗黙の了解」をさせられていた可能性があります。暗黙の了解は究極の忖度であり、適正な範囲を超えた業務によって、女性記者は精神的苦痛を与えられたことになります。これは「暗黙のパワハラ」に他なりません。

また、当然ことながら、仮に上司が被害女性記者のセクハラの訴えをうやむやにしたとすれば、性別を根拠にして被害女性記者を差別したことに他ならないので、上司がセクハラの行為者であるということができます。

　ここで、原因に対する責任は、原因を予見していたにもかかわらず、その改善を怠った場合に発生します。例えば、航空機などの乗り物において、事故が起こる可能性が高まることを知っていて整備しなかった場合には、整備を行う者に責任が付与されます。そういう意味では、十分に福田次官のセクハラを予想できていたにもかかわらず、**雇用者として被害女性記者の雇用環境を改善しなかったテレビ朝日は、ギリギリセーフどころか完全にアウトです。**

　そもそも後藤謙次氏は、財務省に対して「財務省が雇った顧問弁護士の事務所に来いということだ。これもいかにも旧態依然としたお上意識、お門違いも甚だしいと言いたい」と発言していました。この後藤氏の倫理観からすれば、テレビ朝日が雇った後藤氏が、テレビ朝日について論評することは、旧態依然としたメディアの無謬意識、お門違いも甚だしいということになります。

　しかも、弁護士法で「基本的人権を擁護して社会正義を実現することを使命とする」ことが厳しく規定されている弁護士とは違い、後藤氏の発言には何の法的な保障もありません。このようなダブル・スタンダードなステークホルダーがつくる不公正な構造こそが世の中にハラスメントを蔓延《はびこ》らせる最大の要因となっています。

している。

■東京新聞・望月衣塑子記者と柚木道義議員のツイッター発言（4月19日）

この日、東京新聞・望月衣塑子記者は、この問題に関連してツイッターで次のような発言をしています。

福田次官のセクハラ被害を訴えたテレ朝記者の上司は、私が最も尊敬する女性だ。訴えた記者も信頼を寄せている。その上司がなぜ「記事は出せない」と言ったのか。もみ消すためではない。これまでの会社の行動からすれば、逆に潰される可能性が高いと判断したという。日本のマスメディアに共通の課題だ

この発言から、望月記者が、被害女性記者の上司（以降簡単のため便宜的に「女性上司」と呼びます）から今回のセクハラ事案に関する情報を得ていたことは明らかです。望月記者の話によれば、女性上司と会社の関係には信頼性がなく、会社から潰されないためにセクハラの事実を隠したということです。このことは非常に深刻な問題です。

望月記者が「日本のマスメディアに共通の課題」と問題提起しているように、少なくとも日本のマスメディア業界には「会社がセクハラを握りつぶす」という帰納原理が確立しているということです。つまり、日本のマスメディアは、意識的か無意識かは別にして、取材対象に女

性の性的魅力という賄賂を差し出し、その見返りとして情報を得るという非人道的な贈収賄を行っている可能性の認識が少なくともあるということです。このことは、『報道ステーション』における上谷弁護士の証言とも一致します。

先述したように、上谷弁護士の指摘した業界における「暗黙の了解」は社会的学習理論とジェンダー・スキーマ理論に基づくジェンダー（社会的性差）の認識であると考えられます。これに加えて、望月記者と被害女性記者の社会的性差の認識は**【精神分析理論 psychoanalytic theory】**に基づくメカニズムに大きく支配されているようです。

精神分析理論に基づくジェンダーの形成メカニズムとは、同性の親や上司と自分を同一視することで性の役割を認識することになるというものです。望月記者のツイートからもわかるように、両者は同性の先輩である女性上司を強く信頼していて、彼女と同一化することによって業界における社会的性差を認識、あるいは再認識しているのでしょう。当然の帰結として、「逆に潰される可能性が高い」という女性上司の認識をほぼ思考停止に受け入れたものとなっています。

望月記者はさらに次のようにツイートしています。

セクハラ被害を訴えたテレ朝記者の上司は、被害を記者から聞いた際、夜のサシ飲みには

「もう行かない方がいい」と助言。記者は暫く行くのを止めていたが、森友の公文書改ざん、財務省の虚偽説明が次々と明らかになる中、取材を進めるため電話に応じ、夜の会合へ。その先で一連のセクハラ被害に遭った

望月記者の証言によれば、女性上司は被害女性記者に「もう行かない方がいい」と提案していたようです。不可解なのは、これが管理者としての「命令」ではなく単なる「提案」にとどまっている点であり、結果として社内に情報が共有されず、被害女性記者はデスクの指示（後日判明）の下で取材に向かって被害を受けることになりました。つまり、この女性上司の曖昧な返答が被害を拡大し、事案を複雑化させたのではないでしょうか。

そもそも、社会正義のために事実を報道するよう訴えた被害女性記者の提案を二次被害が心配されることを理由に女性上司が拒絶したことも不合理です。この案件は取材側である被害女性記者には何の瑕疵もなく、しかもテレビ朝日の主張によれば、音源という動かぬ証拠もあります。テレビ朝日が社会正義のためにこのことを報道すれば、国民から支持が得られることも確実な中で、女性上司が会社から潰されるという憶測を基に単独で沈黙を選択したことは極めて不可解です。

なお、望月記者のツイートは、日本のマスメディアに内在する問題点を世に訴えたという意

味で非常に有意義でしたが、上司が女性であるといった被害女性記者の特定に繋がる不必要な情報については流すべきではなかったのではないでしょうか。これに飛びついた柚木議員がご丁寧に次のようにツイートしています。

安倍政権のメディア支配が進んでいる裏返し。「上司」はI am not ABE.の時期に報ステで頑張ってた女性と思われるが、当時、菅官房長官秘書官の中村格氏（伊藤詩織さん準強姦罪もみ消し疑惑でも逮捕中止命令を出した）からの圧力と闘っていた女性がもみ消すはずない。やはりメディアのmetoo運動こそ必要！

二次被害を「セカンド・レイプ」とまで表現した不見識な柚木議員が、わざわざ被害女性記者が誰であるかを明確に特定するような情報を流しました。その結果、**インターネット上では被害女性と女性上司の個人名がすぐに公然の秘密として認識されるようになってしまったのです。**

野党合同ヒアリングではあたかも女性の味方のように振る舞い、「そんな記者の取材源の秘匿を守れなかったら記者として仕事ができなくなる。記者として辞めなければならなくなる」とヒステリックに叫びまくっていた張本人が、自ら進んで勝手に情報を提供したわけです。

このことは、柚木議員にとって重要なのは、話題のセクハラ事案を利用して自己アピールすることであり、被害女性記者の不利益などお構いなしであるということを示唆しています。**もちろん、この行為こそが女性上司が恐れていた二次被害＝セカンド・ハラスメントに他なりません。**

さて、ここで注目すべきは、被害女性記者に繋がる情報を流している古賀氏、望月記者、柚木議員、杉尾議員がいずれも伊藤詩織氏の事案に対する関心が極めて強い典型的な「アベノセイダーズ」であるということです。自ら二次被害を起こす環境をわざわざつくって二次被害を批判するという構図は理解不能であり、普通に考えれば、これは「自作自演」といってもおかしくありません。

■古賀茂明氏の講演動画（4月19日）

インターネットでは、古賀茂明氏がこの事案について語る講演映像がアップロードされています。

古賀茂明氏：上司に相談したら「やっぱりうちではこれは報道できないから」と言われたので、まぁしょうがなく新潮に行ってしまった。「やっぱりその対応がまずかったですね」

とテレ朝の報道局長篠塚さんが言ってましたけど、この篠塚というのはとんでもない人なんですね。本当に。その上の早河という会長は、これはもうとんでもないんですね。早河さんというのは安倍さんのポチ。篠塚さんというのは早河さんのポチなんです。ポチのポチが偉そうなことを言ってるんだけど、何で新潮に行ったかといえば、要するに、「テレ朝じゃ絶対こんなのできないよねっ」て確信があるんです。みんな。「上司に相談したんだけどこれやったらどうなるんだろうかな」と。「たぶん潰されるよね。それで潰されるだけならいいけれど、女性記者はね、徹底的に干されるわけね。まずすぐに異動だよね」と。「どっかでおとなしくしてろ」となっちゃうのよね。「財務省に抗議しろ」って言ったたってわけ。ということで「そうね」ということで新潮に行ったんですよ。だから責任者なんです。それをたまたま上司と相談していたという。女性ですよ。女性でバリバリの闘う女性。管理職ですけどね。その人に責任かぶせて処分でもしようかという勢いです。もうとんでもないですからね。ちょっとね、よ〜く皆さんで監視して絶対そんなことないように。その女性記者は頑張ったんです。抗議に行くことになって、誰に抗議に行くかと思いますか。麻生大臣のところ行かないんですよ。当然あのとんでもない麻生大臣に言わなければいけないし、こっちは当然代表取締役会長か社長が正々堂々と「抗議します」と行かなきゃいけないのに、たぶん相手は官房長くらい、次官の下ですからね。矢野君という意外と真面目なんだけど立場がありますからね、「次官にすいませんヒアリングさせてください」とかいう人に、せいぜい篠塚報道局長が行くんでしょうね。彼は代表権も何もないですから。で「行った」と言って実は後で電話してね。「すいません。本当にご迷惑おかけして」って言うに決まってるんですからね。

持論に好都合となるように人物に善悪を当てはめて、聞いてもいない会話を実際に聞いてきたかのように話す古賀氏の言説は信用に値しませんが、少なくとも望月記者および柚木議員のツイートとは整合性があります。柚木議員のツイートからは、女性上司は過去に『報道ステーション』を担当し、古賀氏の番組降板（契約終了）と同時期に担当替えとなった女性であることが容易に特定されます。このときに古賀氏の降板を決め、番組担当人事を動かしたとされるのがテレビ朝日の早河会長であり、実際古賀氏は『報道ステーション』の番組内でそのことに触れています。つまり早河会長は、古賀氏と女性上司の共通の敵であると考えることができます。

この対立の構造は根深く、古賀氏は２０１７年６月にインターネットニュースの『週プレＮＥＷＳ』で次のように語っています。

2015年3月いっぱいで、私はテレビ朝日の『報道ステーション』のコメンテイターを降板した。その2カ月前の1月23日のオンエアで、安倍首相が外遊中、「イスラム国と戦う周辺国に2億ドルを出す」と表明したことを批判し、「I am not ABE」と発言したのが原因だった。

このとき、私の発言に激怒した官邸からテレビ朝日の幹部に直接、抗議のメールをしてきたのが当時、菅義偉官房長官の秘書官だった中村格氏だった。後にテレビ朝日関係者からそのメール内容を知らされたが、相当に激烈な言葉で私への非難がつづられていたという。

この抗議がテレビ朝日を萎縮させた。オンエア直後、報道局長や政治部長など、局幹部が集まり対応策を協議。その後、私の降板が決まった。

外国人記者らは、この中村格という名前に強く反応した。

つい最近、「安倍首相と昵懇」とされる元TBS政治部記者、山口敬之氏のレイプ疑惑が話題となった。被害に遭った女性が「逮捕状が出ながら、警視庁刑事部長の指示で、山口氏の逮捕がもみ消された」と告発したのだ。

この刑事部長こそ、中村格秘書官その人だった。警察庁から出向していた中村秘書官は、私が『報道ステーション』を降板する4日前の15年3月23日付で、警視庁刑事部長へと異動になっていたのだ。

15年6月、山口氏の逮捕状を請求したのは警視庁高輪署だった。逮捕状は犯罪の証拠などを検察がチェックし、了解をした後、所轄からの請求を受け、裁判所が交付する。それを執行直前に所轄の〝雲の上〟の存在である警視庁本部の刑事部長が止めたのだ。警察幹部ＯＢに聞いてもよっぽどの事情がなければありえないという回答が返ってきた。

私の『報道ステーション』からの降板と、この事件はつながっている――つまり政権の意を受けた中村氏が、メディアへの圧力や逮捕状の取り消しに暗躍しているのではないか、という疑惑である。

この疑惑は、古賀氏お得意の陰謀論に過ぎませんが、注目すべきは山口敬之氏を実名で告発した伊藤詩織氏を、古賀氏・望月記者・柚木議員・杉尾議員が支援しているという事実です。ここに、テレビ朝日早河会長＋篠塚報道局長ＶＳ女性上司＋古賀氏＋望月記者＋柚木議員＋杉尾議員という対立構造を容易に思い浮かべることができます。各者の発言から推測するに、おそらく女性上司・古賀氏・望月記者・柚木議員・杉尾議員は、セクハラ騒動の発生に伴って何かしらの情報を共有していた可能性があります。

■古賀茂明氏のツイート（4月20日）

さらに古賀氏は、この問題に関連して憎悪に満ちたテレビ朝日上層部への批判を次々とツイートしました。

【テレ朝抗議の偽善】
被害女性記者とその上司の強い要求で仕方なく、今頃になって形だけ抗議
宛先は麻生財務相ではなく福田次官のポチの矢野官房長
早河会長の名前ではではなく代表権のない篠塚報道局長名で事務的にアリバイ調査で幕引き狙い
そもそも早河篠塚は○○コンビ。

テレ朝早河会長と篠塚報道局長は、自民党の報ステ女性プロデューサー宛圧力文書が来た時報道せず隠蔽
私がI am not ABEと発言した時も菅官房長官二人の秘書官中村格（詩織さん事件もみ消し警察幹部）矢野康治（現財務省官房長）の圧力メールを隠蔽
報ステプロデューサを更迭

記者が新潮に行くのは当然

早河会長篠塚報道局長は、この女性「上司」に全責任を被せて、自分たちの責任逃れを画策？

この「上司」があまりにも可哀そうだ。

今まで自分たちがやってきたことについて、質問を受けて答えたらどうか。

記者会見から新潮や文春やネットメディアなどを排除して、よく「報道機関」を名乗れるものだ。

自民党の報ステ女性プロデューサー宛圧力文書とは、衆議院選挙を間近に控えた2014年11月24日の『報道ステーション』で「アベノミクスの効果が、大企業や富裕層のみに及び、それ以外の国民には及んでいないかのごとく、特定の富裕層のライフスタイルを強調して紹介する内容の報道がなされた。公平中立な番組作成に取り組んでいただくようお願いする」として、自民党の報道部長である福井照氏が番組の担当プロデューサーに要請したものです。

この報道は、『報道ステーション』が得意とする**【軽率な一般化】**に基づく自民党に対する悪意あふれる報道であり、選挙目前であることから自民党は見過ごすことができなかったのでしょう。この担当プロデューサーこそが被害女性記者の女性上司であることが古賀氏の一連のツイートからうかがい知ることができます。

古賀氏のツイートによれば、この女性上司と被害女性記者の強い要求により、テレビ朝日の早河会長と篠塚報道局長が財務省に形ばかりの抗議を行ったということですが、もしもそのような強い要求が通るのであれば、女性上司が会社に潰されるとしてセクハラの報道を躊躇したことに対する辻褄が合いませんし、2番目のツイートにあるように被害女性記者が『週刊新潮』に行く必要もなかったはずです。

また、3番目のツイートによれば、早河会長と篠塚報道局長が女性上司に責任をかぶせて自分たちは責任逃れをしたということですが、それでは最初のツイートとの辻褄が合いません。

このような矛盾する2つの根拠で早河会長と篠塚報道局長を批判するということは、批判ありきの批判、すなわち怨恨に基づく批判であると考えることもできます。いずれにしても、批判する対象を悪魔化して、その善悪を根拠にその行動を勝手に憶測するという古賀氏の誤謬パターンは現在も健在のようです。

そもそも「I am not ABE」発言自体がこの批判パターンであり、テレビ朝日早河会長が古賀氏を番組から降板させたことは合理的な判断であったと考えます。

■羽鳥慎一モーニングショー（4月20日）

この日のスタジオトークでは、羽鳥慎一氏、宇賀なつみアナ、玉川徹氏、長嶋一茂氏、山口真由弁護士がセクハラの「罪」について議論しています。

玉川氏：福田次官の辞任で非常に残念なのは、やっぱり「過ちて改める機会をみすみす失う」ということがいいのだろうかと思う。一般の世の中はセクハラやパワハラはダメだと、何年も前からそういうふうになっている。ところが財務省の中はそうなってなかったということがこの結果だと思う。それはずれていたんだとしたら、直さなければいけない。我われの世界だって、20年前とかは、あえて言うけど、当たり前にセクハラとかパワハラとかいっぱいあった。この業界だって。だけど、それじゃダメなんだということで意識改革をしようということでしている。まだ途上です。完全になくなったわけではない。僕だって過去を問われればあるかもしれない。だけども変えようとしている。少なくとも。彼だけをクビにしても財務省の中が変わらなかったらこれからも続いていく。

宇賀アナ：そもそもセクハラ被害って家族にも友人にも言いづらいことだから、それを上司や会社に言うということはすごく勇気のいることだと思う。その時点でのテレビ朝日の対応は本当によくなかったと思う。そこは批判されて当然だと思う。

長嶋氏：犯罪している人を守ってどうするのって思うけどね。
玉川氏：犯罪ではない。少なくとも犯罪とまでは今セクハラって言えないので。刑法犯ではないので。
羽鳥氏：「セクハラ」って文言が書いた法律はない。
長嶋氏：それだったら「定義は何なの」ということになる。
羽鳥氏：その定義によって民法と刑法のいろんな法律を当てはめて対処している。セクハラというものを書いた法律はない。
山口弁護士：そうですね。刑事罰上の強制わいせつなどに当たらない限り刑法違反にはならない。
玉川氏：公然わいせつとか可能性はあるので今の段階で犯罪ということにはならない。(中略)セクハラにしてもパワハラにしても、社内でそういうふうな問題が起こったときは、その問題があったという人の少なくとも上司が関わって、それも直接関わってやらなければ、部下が調べるのは無理だ。そういう人が主導権を持って直接関わってこの問題を解決しようとしていないところに問題がある。

玉川氏は「我われの世界だって20年前は当たり前にセクハラとかパワハラとかいっぱいあっ

た」と真摯に過去のテレビ業界のセクハラを反省しています。しかしながらこの反省も認識不足の感が否めません。後述しますが、テレビ朝日の社内は、現在でもセクハラが蔓延しているのです。

また宇賀アナが今回のテレビ朝日の対応を批判しているのはとてもフェアな態度です。そして、宇賀アナの言う通り、被害女性記者がセクハラ被害を上司に打ち明けたことは勇気が必要な行為であったはずです。

興味深いのは、セクハラを単純に犯罪と捉えている長嶋氏に対して、玉川氏、羽鳥氏、山口弁護士が「セクハラ罪という罪はない」ことを極めて冷静に語っていることです。この2週間後に同じことを麻生大臣が発言してマスメディアから大バッシングを受けることになりますが、この発言が実際にはまったく問題視されるようなものでないことがこのやり取りからわかります。

■麻生大臣会見（4月20日）

G20でワシントンに外遊中の麻生大臣が会見を開きました。

記者：テレビ朝日が会見をして、社員が被害を受けたと。財務省に対して抗議を申し入れたことを会見で述べたが、それに対する受け止めと財務省としての対応を教えてほしい。

麻生大臣：テレビ朝日が会見で女性社員が福田次官からセクハラ被害を受けたと判断した等を公表したことは承知している。その後、事務所に抗議文が届けられたことも聞いている。会社としての正式な抗議なのでしっかり受け止めなければならないが、まずは話をきちんと伺う必要があると思う。

記者：抗議文に目を通したのかということと、先ほどしっかりと話を伺っていきたいと大臣は発言したが、具体的にどのような形でテレビ朝日の抗議を聞くつもりなのか、事務方にどのような指示を出されたのか。

麻生大臣：出された抗議文というのは1枚紙で書いてあったので、もう少し大きな字で書いてもらった方が見やすいなと思った程度ぐらい見た。もう1点に関して、どのようなやり方でやっていくかは、事務方の矢野官房長に聞いてもらったほうがいい。名乗り出られないという話であったが、名乗り出ていただいたので、その方からきちんとした話を弁護士事務所が、なるべく財務省と直接話をする形ではないほうがよいということで、話を聞かせていただくことになると思う。詳しくは矢野官房長に聞いてもらったほうがいい。

麻生大臣の「もう少し大きな字で書いてもらったほうが見やすいなと思った程度ぐらい見た」

という言葉は、Ｇ20に集中するため抗議文を熟読できていないことを伝えたものと思われますが、この表現に一部メディアは喰いつきバッシング報道をはじめました。これは曖昧な言葉を文字通り忠実に解釈し、言外の意を無視する**【記述主義の誤謬 descriptive fallacy】**と呼ばれるものであり、特定の人物に対して集団がモラハラを行う際の常套手段です。

モラハラの加害者は被害者の何気ない言葉に揚げ足を取り評判を落として孤立させるのです。権力を持つとされる大臣がモラハラを受けるというのは、奇異に感じるかもしれませんが、大臣と記者には雇用関係はなく、大臣にとってのクライアントである主権者の国民を心理操作可能なマスメディアにとって、大臣は恰好のモラハラの対象者となり得るのです。

■野党合同ヒアリング（４月20日）

この日の朝、野党は財務省セクハラ問題に関する合同ヒアリングを開催しました。そこには、財務官僚を前に全身黒い服で身を固めた野党議員の異様な姿がありました。

開会に先立ち、司会の**尾辻かな子議員**が宣言をはじめました。

尾辻議員：今日私たち、みんな黒い服で来ています。皆さん掲げて下さい。

すると、野党議員は財務省の役人に対して、「#Me Too」と書かれた紙を一斉に掲げました。

尾辻議員：これは #MeToo 運動です。セクハラを泣き寝入りする、そんな社会には私たちは絶対しません。そして被害者を絶対一人にもしません。その意味を込めて今日は私たち皆、黒い服で、そしてこの #Me Too のプラカードを掲げさせてもらいました。今私たちの知る権利というのは、現場で女性記者がセクハラに遭いながらも、しかもその知る権利を守るために仕事をしていただいています。そんな働く女性の人たち、そして男性の人たち、もうこれ以上我慢して働き続ける社会であってはなりません。絶対に私たちはセクハラで泣き寝入りする社会は作らない。そして財務省、事務次官は即刻謝罪をして、そして再発防止も調査をする。これを私たちは要求するということで今日冒頭言わせていただきます。

まず野党議員は、「#MeToo 運動」と「Time's Up 運動」を完全に取り違えています。もう一度説明しますが、#MeToo 運動は自分が受けたセクハラを告発する運動あり、黒い服を着て被害者に寄り添いセクハラを許容しないことを宣言するのは Time's Up 運動です。

野党議員は「麻生大臣と財務省は世界の潮流をわかっていない。世界の恥だ」とヒステリックに叫びましたが、自分たちも世界の潮流をわかっていないことを暴露してしまいました。つまり、セクハラ問題など何の関心もなかった議員たちが、にわかに覚えた知識でセクハラ問題のエクスパートであるかのように装って財務省を罵倒したと考えるのが合理的です。野党議員にとって、セクハラ疑惑は政権批判に利用できる道具に過ぎないことがわかります。

さらにいえば、プラカードに書かれている「#Me Too」というスペースを伴う文字列も本来のハッシュタグである「#MeToo」ではありません。スペースが入るとスペース以降の文字はハッシュタグに含まれないという基本中の基本もわかっていないのです。このことからも野党の言う#MeToo運動が完全なる付け焼刃であることがわかります。

そもそも、財務省にヒアリングする趣旨の場において、話を聴く相手にプラカードを掲げても何の意味もないばかりか、組織としてセクハラを行っているわけでもない財務官僚に対して精神的に不快な思いをさせるだけでした。**野党議員は個人のセクハラ疑惑を根拠にして、その所属集団に連帯責任を負わせてハラスメントを行っていると指摘できます。**これは、国政調査権を持つという職務上の優位性を背景に、業務の適正な範囲を超えて、財務省官僚に精神的苦痛を与えると同時に職場環境を著しく悪化させる**パワハラ行為であり、**継続的で集団的なイジメの様相を呈していることから、**モラハラ行為でもあります。**

■財務省のテレビ朝日への協力要請（4月20日）

財務省矢野康治官房長は、この日の午後にテレビ朝日篠塚浩取締役報道局長に調査への協力を求めました。

矢野官房長：昨日（4月19日）付けでいただいた抗議は、しっかりと受け止めております。まずは、貴社にもご納得いただけるやり方で、お話をきちんと伺わせていただきたく、よろしくお願い申し上げます。

これを受けてテレビ朝日は報道各社に次のようなFAXを送りました。

テレビ朝日：財務省から、昨日の当社の抗議についてしっかりと受け止める旨のご回答をいただきました。当社の納得のいく形で話を伺いたいとのことですので、今後慎重に検討してまいります。

財務省が、証拠を得るために、被害女性記者の代理人であるテレビ朝日に話を聴くことは極めて合理的です。テレビ朝日が代理人を務めることによって、セカンド・ハラスメントの発生を抑止することができます。セクハラの環境を作ったテレビ朝日は、被害女性記者の雇用者であるという観点からも、セクハラの事実を認定する義務があります。

■野党合同院内集会（４月20日）

野党６党は、国会内において、安倍政権退陣を求める集会を行いました。この集会の最後に黒服を着た財務省セクハラ問題ヒアリングチームが集会場の前方に集まり、「#Me Too」のプラカードを掲げました。リーダーの尾辻かな子議員が次のように語りました。

尾辻議員：私たちメチャクチャ怒っています。セクハラを認めない財務事務次官、セクハラを認めない財務省、そしてセクハラを認めない麻生大臣、セクハラを認めない安倍政権にもう我慢ができない。今日は皆で黒い服を着てきました。これは抗議の黒であります。今年の初めからアカデミー賞やゴールデングローヴ賞といったところで女優の皆さんが黒い服を着てセクハラ被害者を一人にしない、私たちも共に戦う、その意味を込めて黒い服を着、アメリカの議会でも民主党の議員がトランプ大統領のセクハラに対して黒い服を着ました。私たちも今、連帯の意義とそしてセクハラに決して泣き寝入りをする、そんな社会はもう作らないんだ、作らせないんだ。そして絶対一人にはしない。その思いを込めています。

尾辻議員の言説は極めて不合理です。まず、客観的証拠なしに、セクハラを認めないという財務次官に怒るのは不合理です。次に客観的証拠がなくてセクハラを認めることができない財務省と麻生大臣に怒るのも不合理です。そして、それを安倍政権に責任転嫁して怒るのも不合理です。これらはすべて、証拠もなしに他者を断罪して怒るという、法治の手続きを逸脱した行為ではないでしょうか。

次に、法に基づき論理的に事案を批判する必要がある国会議員が、言論に依らずに、**たった一日黒い服を着ることで抗議の意志を示すというのは、まったく次元が低過ぎます。**これは、緑の羽根、赤い羽根、あるいは拉致問題のブルーリボンバッジなど一定期間あるいは常時身に付けて国民の関心を集めるのとは明らかに異なり、話題となったアカデミー賞・ゴールデングローヴ賞・アメリカ議会での示威行為を形だけ真似したものであり、絶望的に安易で空虚なパフォーマンスに過ぎないものではないでしょうか。

尾辻議員：一つだけ文書を読ませてくださいい。ある女性記者さんの心の声です。是非聞いて下さい。

『相手が財務次官だから、森友問題渦中の省だから、政権に近いから、凄まじい報道合戦になっているのでしょうが、相手がそうでなくても官庁クラブの記者でなくても同じようなことが毎日起きています。私を含めた数え切れない女性記者が数え切れない我慢を重ねていることに思いをはせてほしい。小さな記事にすらならなくても、会社に報告しなくても、友人や家族に語らなくても、自分で認識することさえ忘れても、今回と似たようなことにどれだけ耐えてきたか。夜の電話で「今度キスしような」、夜中のエレベーターで「枕取材したことあるんだろ」、取材アポを確定するメールで「デートを楽しみにしています」。女性記者はホステスみたいなものだから、冗談とわかっていて笑顔で返したものも含みます。冗談としても本当は冗談で終わらせてはいけないと思っていた。なのに本当の気持ちを押し殺して笑顔で返したのはなぜか。取材相手だからです。良好な関係を崩したくないから。』

世の中のさまざまなところでセクハラがある中、政敵の周辺で疑惑が発生したらそれに飛びつき、付け焼き刃のような証言を取ってきては、それを詩の朗読のように披露して感情に訴えるというようなパフォーマンスには、私は強い偽善を感じます。

もしも平素からセクハラ問題に関心があるのであれば、まずは「タクシーの中でそうした行為があったのは事実です。何度も拒否をしましたが、先生も大変酔っていらっしゃったようなので……立場のある方ですし、当時は（被害届を）見送りました。ただ今回取材を受けて、重大な問題だと再認識しました。改めて（被害届）提出を検討します」といった初鹿議員の疑惑行動に対する証言や、「最初は上司に誘ってもらえて嬉しかったのですが、タクシー移動の際などに、手を握られるようになりました。さりげなく避けていたのですが、どんどん行動はエスカレートしていった」といった青山議員の疑惑行動に対する証言を紹介し、身近の両議員を糾弾すべきではなかったのでしょうか。

尾辻議員：こうして私たちの知る権利を、国民の知る権利を守るために、女性記者さんたちはセクハラに遭っても声を出せない。こんな取材環境の中でいたわけです。私たちが今やることはもうわかっています。もうこんな働かせ方をさせてはいけない。女性の活躍推進というのなら、働き方改革というのなら、まずはこのセクハラ、次官・財務大臣は認めるべきではないですか。

「女性の活躍推進・働き方改革というのなら、次官・財務大臣はセクハラを認めるべき」という言説における前提と結論には論理の飛躍があります。あえて言わせていただければ、このような不合理極まりない女性国会議員が、**あたかも女性を代表しているかのように映るため、いつまで経っても女性は頭が悪いと思われます。**

尾辻議員：私たちはそれを込めてこの #Me Too を掲げたいと思います。皆様のお手元にもあるかと思いますので、これを記者さんたちに見ていただかなければいけないということで、皆さん後ろを向いて立っていただけますか。……では座ったままで皆さん後ろを見ていただいて。私が「セクハラに泣き寝入りする社会にはしない」と言いましたら、皆でこれを「Me Too」ということで掲げていただきたいと思います。皆さん大丈夫でしょうか。では行きます。「私たちはセクハラに泣き寝入りする社会には絶対しません」「#Me Too!」

意味不明なのは「次官・財務大臣はセクハラを認めるべき」という考えを込めて「私たちも」という意味である #MeToo を掲げるというメンタリティです。論理など関係なしに #MeToo を掲げれば無敵になるかのような強引な振る舞いは #MeToo 運動の冒瀆でしかありません。そしてそれ以上に意味不明なのは、#MeToo を掲げるところを「記者に見てもらわなければならない」という義務表現と、見栄えよく記者に写真・映像を撮らせるための打ち合わせを開始したことです。これこそ #MeToo 運動の政治利用に他なりません。

さらに情けなくなるのは、ポーズを取る野党議員たちをしっかりと撮影し、それをＰＲするように報道するマスメディアです。**国民は、野党とマスメディア合作の学芸会の一コマを新聞・テレビで見せられているわけです。**

なお、あえて庶民感覚で言わせていただければ、真っ赤なバックに白抜きの「#Me Too」のプラカードを大量に作成するにあたって、どれだけトナーを無駄遣いしているのでしょうか（笑）。すべては国民の税金です。

尾辻議員：11時45分から財務省に申し入れに参ります。できるだけ多くの人数で行きたいと思いますので、11時45分に財務省に来てください。

この尾辻議員の言葉を聞いたマスメディアは、財務省前に先回りをして野党議員の登場を待つことになります。

そして、その結果が本書の冒頭に紹介した野党議員による財務省内デモでした。プラカードを持った姿をマスメディアに撮影させながら財務省内をデモ行進する様子は常軌を逸したものでありました。

なお、野党6党の国会議員有志がこのときに矢野官房長に直接手渡すとして散々駄々をこねた申し入れ書（麻生太郎大臣宛）の内容は次の通りです。

野党6党（立憲民主党、希望の党、民進党、共産党、自由党、社民党）は、国会審議や「財務省セクハラ問題野党合同ヒアリング」の場において、福田事務次官のセクハラ問題と財務省が行った調査について問題点を再々にわたり指摘してきた。しかし、福田事務次官の辞任が報じられるなか、事務次官はいまだにセクハラを認めず、謝罪もせず、財務省は麻生大臣を先頭に事務次官をかばい続けている。さらに、安倍総理も事前に今回の財務省の対応方針の報告を受け容認している。この現状は、安倍政権ぐるみのセクハラと言わざるを得ない。セクハラ被害者の人権侵害を容認・放置する安倍総理、麻生大臣、財務省の姿勢は、国民にとっても許されるものではなく、ここに野党国会議員の有志が集まり、財務省に対して次の点を強く申し入れる。

①財務省は、今回のセクシャルハラスメント被害者の人権を守ること。
②財務省は、セクハラの申し出があり、抗議する会社に不利益を与えないこと。
③福田事務次官は即刻、セクシャルハラスメントを認め、謝罪すること。
④財務省は即刻、事務次官がセクシャルハラスメントを起こしたことを認め、謝罪すること。

⑤財務省は、今回のセクシャルハラスメントを調査のやり方が不適切であったことを認め、調査を撤回すること。

津田議員の国会議場での性暴力をうやむやにし、初鹿議員や青山議員の身体に及ぶセクハラ疑惑を何カ月も解明することも謝罪もしない野党が、官僚の処分をめぐって調査を実施中の財務省・財務大臣に対して、「安倍政権ぐるみのセクハラと言わざるを得ない」と断罪するのは、完全なダブル・スタンダードです。

申し入れに記された要求のうち①②については、特段要求をしなくても、国会委員会や野党合同ヒアリングの説明を聞けば、財務省が被害女性記者の人権およびその所属会社の利益を守ることを認識しているのは明らかです。

また、③④については、証拠なしに謝罪して非を認めるよう要求する反法治主義に他ならず、極めて暴力的な要求です。さらに⑤に関連して、財務省が示した調査方法は、少なくとも被害女性記者が名を明かすことなくセクハラを断罪する社会正義を実現するための証拠を示す機会を作るものであり、不適切と断じるのは不合理です。

ところで、この書類の宛先は麻生大臣であり、当然のことながら矢野官房長に直接手渡す必要がある内容ではありません。あえて言えば、翌日にも予定されている野党合同ヒアリングの場において財務省の官僚に事務的に手渡せば済む内容です。それなのに、なぜ野党6党の国会議員有志は40分も粘って矢野官房長に直接手渡すことを要求したかといえば、呼び寄せておいたテレビカメラの前で自己ＰＲをするためと考えるのが合理的です。このことはセクハラ事案の政治利用に他なりません。

野党議員が本気でセクハラをなくしたいのであれば、まずは重篤なセクハラ疑惑がある初鹿議員が所属する立憲民主党の枝野幸男代表および福山哲郎幹事長に対してプラカードを掲げ、「立憲民主党ぐるみのセクハラ」と追及し、謝罪を要求するのが先ではないでしょうか。

この日から野党は、麻生大臣の辞任などを求め、国会の審議拒否を開始しました。いわゆる野党の18連休の始まりです。

第3章

セクハラ騒動の終焉と残されたカオス

野党とマスメディアがハラスメント加害者というダブルスタンダード

〝言葉狩り〟で麻生財務大臣を糾弾し続ける野党とマスメディアでしたが、次第に不都合な真実が明らかになり、言行不一致が顕在化していきます。

本章では、清廉潔白であるかのように振る舞う野党とマスメディア自体が、セクハラを含むハラスメントの加害者であるというダブルスタンダードを中心にその偽善を追及します。

■報道ステーション（4月20日）

この日のゲストは、元朝日新聞記者でフリーランスの秋山千佳記者でした。秋山氏は、朝日新聞記者時代に自らが受けたセクハラ体験と上司から沈黙させられた経験を語りました。

富川アナ：秋山さんも以前、朝日新聞の記者を担当されていたが、実際に見聞きした記憶はあるか。

秋山記者：本当にありふれたものとして、女性記者に聞いてもほとんどがそういう体験を持っているような状況だった。

富川アナ：ほとんどなのか

秋山記者：ええ。実際に私自身も新人記者時代に取材相手から突然胸を鷲掴みにされるという被害にあった。そのときに男性の先輩記者に相談したが、「我慢しろ」と言われてしまった。

富川アナ：結局泣き寝入りする。

秋山記者：そのときは他の会社の先輩に相談をして解決を図っていったが、多くは泣き寝入りだ。

富川アナ：なかなか声は上げづらいという。

秋山記者：上げづらい。

富川アナ：しかも記者と取材相手という関係があったからなおさらと。

秋山記者：本当にそこには、情報を与える者と貰う者という力関係が歴然とあるから本当に声が上げづらい。しかもメディアの世界というのは長らく男社会だった。なので、会社に戻っても女性記者の立場というのは弱い部分があるので、そういう取材先でも会社でも二重に女性記者が弱いという部分がある。

富川アナ：力関係で言うともちろんメディアだけではなく、どんな世界でも言えることだ。

小川アナ：私も同世代の友人との間の話でよくセクハラの話も出ることは出る。声を上げたいという思いや正義感と、そうすることによって自分の環境が変わってしまうのではないか。自分が傷つくだけの結果に終わってしまうのではないかということを天秤にかけて、小さい我慢、大きい我慢を重ねている人って本当に多いと思う。ただ天秤にかけなくてはならないこと自体がおかしい。

富川アナ：天秤にかけざるを得なくなっている社会自体がおかしいのではないかと。

秋山記者：本当にそう思う。しかも今回の被害者は女性だが、ハッキリ言って性別関係なく、男性でも女性でもそういうことは起こり得る。力関係、支配の関係があれば起こり得るものだ。

富川アナ：こういう社会はどうやって変えていけばよいか。

秋山記者：すぐに変えるという特効薬はないが、今回この一件で明るい兆しがあると思った部分もある。被害女性の方が「すべての女性が働きやすい社会に」と言っている。そのコメントが発表されたときに、私もかつて被害を受けた立場としても、すごくこれはこれまで皆が心の中で思っていたけど声が出づらかったというコメントを声に出してくれた共感があった。なので、これが日本の #MeToo を盛り上げていくような転換点になるかもしれないなと思う。

この番組で秋山記者が自らのセクハラ体験を証言している姿勢こそ、まさに本物の「#MeToo」運動だといえます。この証言が真であるとすると、多くの女性記者が取材相手の格好の餌食となっているということになります。また、同時に、上谷さくら弁護士も主張した通り、メディアには情報を与える者と貰う者という力関係が実際に機能して、セクハラが表面化しないということが実際にあるということです。

深刻なのは、情報を公開することが仕事のジャーナリズムの世界においてさえ、このようなセクハラが表面化しないことです。

秋山記者は、キャリアの初期段階においてセクハラに対して無抵抗であることを強いられました。女性記者のほとんどがセクハラ体験を持っていて泣き寝入りしているという状況を観察した秋山記者は、社会的学習理論のメカニズムの下でジェンダー（社会的性差）を意識し、朝日新聞の先輩男性記者からセクハラを我慢するようにと言われたことでジェンダー・スキーマ理論のメカニズムの下で役割を受け入れたと考えられます。これも上谷さくら弁護士の証言と一致するパターンです。

ちなみに、朝日新聞は今回のセクハラ事案に対して、何度も社説で財務省を批判しています。この日までも「財務次官問題　混乱は深まるばかりだ（２０１８年４月17日）」「財務次官辞任幕引きにはならない（２０１８年４月19日）」という題名で「一般常識との溝が際立つ」とか「女性の人権を軽んじる行為」などと批判を繰り返しましたが、自らが一般常識とはかけ離れた女性の人権を軽んじる行為を行っていたことになります。

なお、秋山記者の証言は非常にショッキングなものでしたが、被害女性記者を守ることができなかったテレビ朝日にとっては好都合であったともいえます。

このスタジオトークで強調されたことは、他社にも女性記者をセクハラから守れなかったケースが存在し、それも言葉でのセクハラではなく、より過激な肉体的セクハラのケースであったということです。このことは、セクハラはメディア共通の問題であり、テレビ朝日だけに存在するものではないことを暗に示唆するものです。

テレビ朝日がこのような効果を狙って秋山記者を出演させたかどうかは不明ですが……。

■古賀茂明氏ツイート（4月22日）

この日、古賀茂明氏は次のようにツイートしています。

「テレ朝は女性記者から相談を受けた時点で自社で報じるべきだった」と言う声がある
だが、テレ朝含めどのテレビ局も安倍政権を恐れ詩織さん事件もみ消し疑惑を追及しない
そんな会社の上層部に話せば音源を取り上げられ記者も潰される

上司は記者を守るため上に上げず記者は新潮に行った
正しい判断だ

古賀氏の主張通りであれば、女性上司は、被害女性記者がセクハラを受け続けることよりも、セクハラを会社に告白することで被害女性記者が会社に潰されることを恐れるという意味不明の行動に出たということになります。一方で、電子データである音源をいくらでも簡単にコピーすることが可能な時代に、テレビ朝日が被害女性記者から音源を取り上げてもまったく意味はないはずです。

結局、古賀氏が作りたい構図は、テレビ朝日の上層部は悪の源であり、女性上司は正義のヒロインであるという得意の**【善悪二元論】**なのでしょう。

何度でも言いますが、極めて問題なのは、「二次被害を恐れている」と口では言う古賀茂明氏・望月衣塑子記者（東京新聞）・柚木道義議員（当時希望の党）・杉尾秀哉議員（立憲民主党）が、女性上司と被害女性記者を特定することが可能となるような情報をそろって公の場で垂れ流したということです。彼らの情報がなければ、誰も女性上司と被害女性記者を特定することはできず、重篤な二次被害が発生する余地もありませんでした。少なくとも、被害女性記者と女性上司を特定している唯一の関係者であるテレビ朝日上層部は、被害女性記者や女性上司の特定に繋がる具体的な情報を一切伝えていません。

そんな中で古賀氏・望月記者・柚木議員・杉尾議員は、独自に得られた情報を利用し、むしろ二次被害を誘発したと指摘できます。彼らにとって二次被害が発生することは、彼らの最終ターゲットである政府あるいはテレビ朝日上層部をたたくための絶好の機会となります。

もしも今回、被害女性記者が二次被害を感じているとすれば、その全責任は彼らにあることはいうまでもありません。

■テレビ朝日の週刊現代に対する抗議（4月23日）

テレビ朝日は、この日発売の講談社『週刊現代』の記事に関連し、鈴木崇之編集長に対して、次のような抗議文を送っています。


当社は貴誌2018年5月5・12日合併号掲載の「なぜか安倍が上機嫌の理由」「テレ朝女性記者は社内でも有名な反安倍一派」と題する記事について、貴誌および貴社に対し強く抗議するとともに、直ちに訂正し謝罪するよう求めます。

本件記事では、「福田の辞任の後にするようにと同局の幹部と打ち合わせをしていたのは菅」、「官邸とテレ朝の篠塚報道局長が、かなり細かく打ち合わせをしたんです。福田の辞任当日の夜、ぎりぎりで行うこと。翌日の朝刊に合わせて報道させ、効果を薄める。A子の上司がMなんだから、Mのせいにすればいい、とね（自民党幹部）」との記載があります。しかし、当社は4月19日未明に行った記者会見の前を含めこれまでに、菅義偉官房長官をはじめ首相官邸と、福田財務次官のセクハラ問題に関して打ち合わせを行ったことは全くありません。本件記事の記載は、何ら根拠がないものであって、明らかに事実誤認でありますます。また、この記事に先立ち、貴誌から当社広報部に対し事実を確認する質問は一切ありません。

このような事実誤認による本件記事の記載は、当社の名誉も著しく棄損するものであり、断じて看過できないものです。

以上に鑑み、当社はここに貴誌および貴社に対して、本件記事内容について厳重に抗議するとともに、本件記事内容について直ちに訂正し謝罪することを求めます。

この『週刊現代』の記事の内容は、杉尾秀哉議員が「メディアの噂」として発言した内容、そして古賀茂明氏が再三にわたり展開していたテレビ朝日上層部の悪玉説とよく一致しています。テレビ朝日が正式に抗議をした以上、記事内容の立証責任は『週刊現代』にあります。そして、今現在も『週刊現代』が記事内容を立証できていないことからも記事の信憑性には大きな問題があります。
この密約説に基づき、財務省に対して「狂ってる！」と叫んだ杉尾議員の見解が聞きたいところです。

■**麻生大臣会見（4月24日）**

この日、麻生大臣は閣議後に記者会見を開き、福田次官の正式な辞職を発表しました。

麻生大臣：福田次官については、内閣の承認を得られたことから本日付けで辞職させる。事務方のトップである事務次官が自身のセクハラ疑惑等によって辞職するような事態に至ったことは甚だ遺憾だ。福田次官の辞職を受けて、本日付けで矢野官房長に事務次官の「事務代理」を発令する。セクハラ疑惑については、テレビ朝日から福田次官から女性社員へのセクハラ行為があったと判断したとして抗議文を頂戴した。財務省としては、早急に事実関係を解明して、福田次官への処分を行いたいと考えている。テレビ朝日に対しても、納得いただけるやり方で話をきちんと伺っていきたいとお願いをしてきた。福田次官に対しても、今後とも調査へ協力すべきこと、今後の調査結果としては懲戒処分に相当すると判断された場合には、その処分に相当する金額を退職金から差し引くこと、そして当面、退職金の支払いは留保すること等を伝えており、本人も了解している。

記者：現時点での調査状況は。

麻生大臣：両方の話を聞かせてもらいたいということで、弁護士事務所が被害女性の人権を十分に配慮した上で対応すると話している。

記者：野党側から処分をしてから辞任を認めるべきではないかと。具体的に例えばいったん官房付にして、調査結果が出て、必要に応じて処分をしてから辞任を認めるべきではないかという意見も出たが。

麻生大臣：給料は誰が払うのか。野党が払ってくれるか。

記者：そこまでは。

麻生大臣：じゃあ誰が払うのか。税金で払うのか。

記者：税金ということだと思います。

麻生大臣：問題だというので辞めたい人に対して何で税金で給料を払わなければならないのか。もうちょっと常識的なことを聞くようにしたら。

懲戒処分と判断された場合に相当金額を退職金から差し引くことと、当面は退職金の支払いを留保することを本人が了解している中、用務ができないと主張する福田氏を職にとどまらせるのは税金の無駄使いとなります。記者の論理性のなさには閉口するばかりです。

記者：次官への処分というのは、次官がこれからする裁判が終わってからじゃないと処分しないということでいいのか。

麻生大臣：処分の仕方というのは、少なくともセクハラ疑惑というのを週刊誌報道だけでセクハラ認定して、そのことだけで減給というのはちょっといかがなものか。「はめられて訴えられているのではないか」とか、いろいろ意見は世の中いっぱいある。本人の人権も考えて、本人の話も向こうの話も双方伺った上でないと決められない。

記者：財務省調査と裁判とは別物として、財務省として認定することも可能と思うが。

麻生大臣：私共が仮に無罪だと言って給料はそのままと決めたら報道機関はどんな具合に反応するのか。公平さを欠いていると言うのではないか。

記者：ケース・バイ・ケースと思うが。

麻生大臣：そういうところは報道機関のずるいところだな。もうちょっとフェアに答えてほしい。こっちもフェアに答えているのだから。

この会見における麻生大臣の「『はめられて訴えられているのではないか』とかいろいろ意

見は世の中いっぱいある」という発言は、あたかも麻生大臣が「はめられて訴えられているのではないか」と発言したかのように野党とマスメディアによって改変され、問題化されることになります。発言の一部だけを切り取って大衆をミスリードしようとする極めて悪質な方法だといえます。

記者：相次いでナンバー1、ナンバー2が辞任、辞職した。やっぱり大臣の任命責任が一つあると思う。

麻生大臣：今の段階で、私の進退について聞いているわけか。

記者：進退を含め任命責任。

麻生大臣：進退について考えているわけではない。

記者：今、財務大臣として辞めることではなくて、こういう問題があっても続けることが大事という考えなのか。

麻生大臣：きちんと一連の起きた不祥事に対応するため原因究明と再発防止に対する手当をきちんとするのが大事と申し上げた。

財務次官を任命する段階で麻生大臣が福田氏のセクハラ行為を予見することは事実上無理で

あり、予見不能な事象の発生を根拠にして大臣に任命責任を課すのは明らかに不合理です。

この記者の発言は、社会的公平性を無視した切腹社会を肯定する問題発言です。そもそも国民の預託を受けていないマスメディアが「やっぱり大臣の任命責任が一つあると思う」という単なる個人的主観を根拠に、国民の預託を受けた大臣に辞任を迫るというのは極めて不合理ではないでしょうか。

マスメディアのミッションは、客観的根拠を基に政権をチェックすることであり、個人的主観を根拠に政権に要求することではありません。まるで自分の感覚こそが正しいかのように大臣に辞任を迫る尊大な記者の大きな勘違いは、国民にとって極めて有害です。

■野党合同ヒアリング（4月24日）

この日の野党合同ヒアリングでは、立憲民主党・尾辻かな子議員が麻生大臣の「はめられて訴えられているのではないか」発言にかみつきました。

尾辻議員：麻生大臣の閣議後のぶら下がり会見で「はめられて訴えられているのではないか」という発言があって、これを私たちは看過できない。第二のセクハラではないかと。加害者の側にやっぱり立っているではないかということで、この発言はどういう真意なのか。

財務官僚：大臣自身のネットワークの中で見聞きした話を紹介したまでであり、自分の意見を表明したわけではない。

尾辻議員の発言は完全なミスリードです。麻生大臣は「はめられて訴えられているのではないかとか、いろいろ意見は世の中いっぱいある」と言っているだけであって、前後のコンテクストから、麻生大臣が「はめられて訴えられているのではないか」という意見を持っているわけでないことは明らかです。

この発言をもって「看過できない」などという結論に至る尾辻議員の国語力には絶望します。

さらに希望の党（当時）・山井和則議員がヒステリックに罵倒を続けます。

山井議員：はめられたということは、被害者をこともあろうに加害者扱いしている。根拠がないのだったら即刻撤回しないと、誰かがどこかのインターネットで言っているという次元と副総理が記者会見で言うというのは全然意味が違う。これは完全に名誉毀損になる。セクハラ対応の最大の原則は被害者を最優先する、被害者を守る、被害者の人権を救済することが最優先だから、そんな根拠のないことを言うものではないと禁止する、取り締まるのが政府ではないか！　それを先頭に立ってデマみたいなことを記者会見で言うということは女性の人権をどう考えているんだ！

尾辻議員のミスリードをさらに上塗りし、「名誉毀損になる」として財務官僚を怒鳴り散らす山井議員のパワハラは常軌を逸しています。言葉を曲解して名誉毀損を主張する山井議員こそ名誉毀損に当たるのではないでしょうか。なお、「はめられて訴えられているのではないか」というのは一つの仮説であり、これを禁止したり取り締まったりする秘密警察のような行為は明確な憲法違反です。

さらに、立憲民主党・神本恵美子議員は、意味不明な珍原理を強要します。

神本議員：ネットワークで見聞きしたことはこれだけではないはずだ。いろいろな意見がある中でこれを紹介したということは、この言葉を借りて自分の見解を表明していることになる。卑怯だ。こんな言い方は。

いろいろな意見がある中で一つの意見を紹介すると自分の見解を表明していることになるとする神本議員の言説は意味不明です。

そもそも麻生大臣は、まるでレッドパージのように一方向の意見だけがヒステリックに叫ばれる状況において、「はめられて訴えられているのではないか」という違う角度からの意見を紹介したに過ぎません。これを卑怯というのであれば、いろいろな意見がある中で自分に都合のよい一方的な意見をあたかも国民の声であるかのように主張し続ける野党議員こそ卑怯の極致ではないでしょうか。

いずれにしても、このような小学生にも劣るほどの不合理な議員を国会に送り込んでしまった有権者は猛省してほしいところです。

■テレビ朝日定例会見（4月24日）

この日、テレビ朝日の定例会見で、角南源五社長と篠塚浩報道局長が、財務省セクハラ事案に関し、新たに判明したことも含めて全体的状況を説明しました（以下、会見を詳報した産経ニュースの抜粋）。

角南社長：先日の記者会見の通り、女性社員が福田次官によるセクハラの被害を受けていたことが判明した。この社員は取材目的で1年半ほど前から数回、福田次官と一対一の夜の会食をした。会食のたびにセクハラ発言があったため、この社員は身を守るため会話を録音したこともあった。そしてセクハラ被害に遭わないよう上司と相談の上、1年ほど前から福田次官との一対一の夜の会合は避けていた。

しかし、今月4日、NHKが夜7時のニュースで森友問題での財務省の口裏合わせについて独自のニュースを報じ、女性社員はデスクからの指示もあり、その裏付け取材をすることになった。そのときに福田次官から電話があったため、裏付け取材をしようと考え、夜9時ごろから夜10時前まで約1年ぶりに夜の食事を伴う一対一の取材に臨んだ。

ところが、このときもセクハラ発言が多数あったため、社員は自らの身を守るため途中から録音した。後日、この社員はセクハラの事実をテレビ朝日で報じるべきではないかと上司に相談した。上司にはセクハラの事実を隠蔽しようという考えはなく、幾つかの理由で報道は難しいと判断した。この社員はセクハラ被害を黙認される恐れがあるとして週刊新潮に連絡し、取材を受けた。社員からセクハラ情報があったにもかかわらず、社内で適切な対応ができなかったことについては深く反省している。

当社としてはこの社員がこうした事情から福田次官との会話を録音したことは身を守るためのものであって、不適切だったとは考えていない。女性社員は公益目的からセクハラ被害を訴えたものであり、当社としてもその考え、心情には理解できるものと認識している。一方で当社の取材活動で得た情報と録音が第三者に手渡される結果となったことについては遺憾に思う。

篠塚局長：昨日発売の週刊現代の記事に、先日当社の開いた記者会見の内容について、事前に総理官邸とすりあわせをしていたというような記述があったが、全くの事実無根であり週刊現代の編集長宛に書面で強く抗議した。この間の一部報道の中で当該社員の上司がセクハラを隠蔽したとか、もみ消したとかいう記述もあるが、これも事実ではない。上司によれば、今のメディア状況の中で自分の経験からしても現実的に報道は難しい、声を上げることで、ダメージを被りかねない。放送できたとしても二次被害があると当該社員に説明した。もみ消しとか隠蔽の意図は全くなかった。当社として適切な対応ができなかったと申しているのは、報道局として情報を共有できず、組織としての判断ができなかったことを指していて、当該上司が上に上げなかったことは深く反省している。また、情報共有がスムーズにできなかった体制にある一番の責任は組織の長である私にあり、速やかに改善を図りたい。

大企業においては、雇用者が男女雇用機会均等法を遵守する必要があるため、セクハラに関連する社内行動規範が定められていて、セクハラを認識した場合には人事部に対して報告する義務が個々の社員に課されています。女性上司が会社に対してセクハラの情報を報告しなかったことは明らかなコンプライアンス違反です。

一方、テレビ朝日上層部が、被害女性記者の行動に対して、(1)会話の録音は身を守るためである、(2)『週刊新潮』に被害を訴えたのは公益目的である、(3)取材活動で得た情報と録音が第三者に渡されたのは遺憾であるとしたのは、極めて常識的な発言であると考えます。

ここで非常に不可解なのは「上司にはセクハラの事実を隠蔽しようという考えはなく、幾つかの理由で報道は難しいと判断した(角南社長)」というくだりです。

通常の報道では、少しでも政権に悪印象を植え付けるために、言葉狩りをしてまで狡猾な印象報道をするテレビ朝日が、今回は政府が困る正真正銘のネタをつかんだにもかかわらず、そのことを報道することを回避して沈黙しているのです。「会話の録音は身を守るため」の隠し録りであるため、これを公開することはできないまでも、動かぬ証拠として利用できるはずです。セクハラ被害自体を報道することは「公益目的」に適うことです。

また、「放送できたとしても二次被害がある」と説明を受けた被害女性記者は、この説明を納得ずくで情報と録音を「第三者」に渡したといえます。つまり、被害女性記者は、二次被害を受ける覚悟を十分持っていたはずです。

このような状況であるにもかかわらず、女性上司が報道を許可しなかったのは、情報ソースである財務省とテレビ朝日との関係を悪化させたくなかったということに尽きるでしょう。「声を上げることで、ダメージ（取材がしづらくなること）を被りかねない（篠塚局長）」というのは「報道は難しい」ということの根拠にはなりません。これでは、情報ソースが報復する可能性がある場合には、情報ソースに不都合なことについては報道できないことになります。

また、被害女性記者の二次被害の回避を理由にするのも単なるエクスキューズに過ぎません。二次被害を発生させないようにマネジメントするのが女性上司の役割のはずです。報道機関が情報ソースの報復を勝手に恐れ、対峙することもなく屈するなど「ヘタレ」に他なりません。

記者：結果として報道しなかったことは、適切だったのか。

角南社長：本来であれば上司がさらに（報告を）上にあげて、確認作業が行われるべきだった。情報共有がされなかったのは残念。

記者：情報共有が行われていたら報道されたのか。

角南社長：厳重に抗議した後、総合的に判断していた。

記者：もし社長に情報が上がっていたならば、社長は報道すべきだという判断をしたか。

角南社長：その時点で総合的に判断した。現在は全部の情報が整っていないので、事実確認をしたあと、まずは抗議すべきということ。その抗議の後は総合的に判断する。

記者：報道すべきだったということか。

角南社長：19日に会見を開いたのは、福田氏がセクハラ問題について否認したまま辞任をしたことで、取り急ぎテレビ朝日の見解を示す必要があったと判断したから。

情報が共有されていなかった以上、テレビ朝日上層部にとって本件は管理不可能な事態であり、報道しなかったことに対する責任はまったくありません。

論理的に考えれば、女性上司の想定外の沈黙行為によって理不尽な結果責任を問われている対象であるということができるでしょう。

しかしながら、その責任の軽重は別として、責任を取る必要がないかといえば、それは道義的には「NO」です。

テレビ朝日は、これまでにも同様の理不尽な結果責任をどれだけ政府に求めてきたかわかりません。今回のセクハラ問題においても、『報道ステーション』の後藤謙次氏は、麻生大臣、ひいては安倍首相の管理責任に言及しています。これまでにも「民間ならトップが責任を取る」という言葉を頻繁に繰り返して首相批判を行ってきた民間会社が、自らの不祥事に何の責任も取らないというのは言行不一致であり、極めて理不尽です。

報道すべきであったかどうかについては、「報道すべきであった」以外の答えはありません。自社の番組においてセクハラ問題を大きく問題視しているテレビ朝日が「総合的に判断する」

などと公言しているのは、視聴者に対する重大な裏切り行為に他なりません。隠し録りした音源を放送するのは報道倫理に違反しますが、その事実を伝えることは、むしろ報道機関としての義務に他ならないものです。

記者：女性社員が週刊誌に情報提供したことについて、懲戒処分に当たりかねない行為なのではないか。

角南社長：公益目的からセクハラを訴えたもので、当社としてはその考えは理解できるという認識。

記者：女性社員の責任を問うことはないか。

角南社長：一方で、取材で得た情報を第三者に提供したことは遺憾に思う。

記者：それは自社で報道できなかったからなどの理由があったためで、彼女の責任ではないのでは。

角南社長：組織として情報共有できなかったことを当社としても反省している。

記者：女性社員はなぜ週刊新潮に持ち込んだのか。理由は聞いていないか。

篠塚局長：本人には週刊新潮が福田氏の周辺を取材しているという情報があった。そのため、色々な事情を含めて報じてくれるのではないかという期待があったと聞いている。

角南社長：また、本人は通報窓口には考えが及ばなかった、とのこと。

記者：取材で得た情報を外部提供したことについて、女性社員や上司に対しての処分は考えているか。

角南社長：現在調査を続けている。

この事案は、被害女性記者が公益目的の行為を報道倫理に違反する手法で行ったというものです。処分にあたっては、動機が公益目的であるということと他に手段がないという環境要因を考慮に入れれば、いわゆる「情状酌量」的な裁量がテレビ朝日に求められることはいうまでもありません。

ただし、オフレコの音源を第三者に提供するということは極めて重大な報道倫理違反であるので、常識的に考えて処分は免れないものと考えられます。

なお、今回の報道倫理違反は業務の根本に関わることなので、その責任は管理者にも課されて当然です。

記者：セクハラ被害の報道をすべきだと訴えた女性に対し、上司は「報道すると政治問題になり、本人も左遷される可能性もある」と伝えたと聞いていますが、上司の方は会社側の聞き取りにどのように説明したのか。

篠塚局長：基本的にこの問題は人権問題であると捉えている。このタイミングで（セクハラ問題を）出すことは政治問題になる、何らかの意図があるととられかねないという疑念があったと聞いている。

女性上司が、「このタイミングでセクハラ問題を報じると政治問題になり、本人も左遷される」と考えること自体、テレビ朝日で報道の自由が確保されていないことを示すものです。すでに何らかの意図があるととられかねない**【チェリー・ピッキング chery picking】**によって数々の政治問題をつくり上げてきているテレビ朝日が、セクハラを報じたところで大局に影響はないと思われます。

もともと公平性とはかけ離れた報道を展開しているテレビ朝日が、都合よく公平性を根拠にするのは不公正です。

■野党合同ヒアリング①（4月25日）

野党合同ヒアリングでは、この日も麻生大臣の言葉を勝手に解釈してその部分を根拠にして批判するという「ストローマン論証」を繰り返しました。

杉尾議員：調査に応じる義務を含めて、何でこの段階で異論があるにもかかわらず、すぐ退職を認めたのか。我われは官房付にすべきと言った。そうしたら昨日大臣は何と言ったか。給料は野党が払ってくれるのか。これはどういう意味か。これは責任を、追及している野党側に転嫁するとんでもない暴言だ。こんな発言の財務大臣を許していいのか！　大臣がこんなハニートラップを匂わせるような発言をするってどういうことだ！　本当にひどい！　女性の人権とかいう以前の人間としての在り方の問題だ。

柚木議員：麻生大臣が、財務省が、安倍政権、安倍総理も問題だ。何も指導力を発揮していない。昨日の閣議決定までに次官の調査・処分をしていれば、官房送りにすることもないし、新たな税金を使う必要もなかった。そういう状況を作っているのは麻生大臣本人だし、安倍政権ぐるみで閣議決定したのだから官房付にする必要はもともとない。官房付にしたら税金誰が払うんだという逆ギレのような発言はやめてもらいたい。

大臣発言を曲解して批判し、財務官僚にその落とし前をつけさせるのは、すでに財務官僚の業務の適正な範囲を超えています。この二人の議員が行っていることは、同じ職場で働く者に対して、職務上の優位性を背景に、業務の適正な範囲を超えて精神的苦痛を与えるパワハラです。「福田前次官を官房付にすべき」と言った野党は、「被雇用者に無駄な給料を払わない」という社会的な原則に従わなくてもいい合理的な理由を説明する責任があります。

先述したように、懲戒処分の判断は財務省にあるので、その後の必要な調査に応じない場合には自らの立場が不利になります。駄々をこねて無関係な財務官僚に暴言を吐く杉尾議員こそ人間としての在り方を考えるべきです。

柚木議員の言説も論理が破綻しています。新たな処分を福田氏が受け入れる確約を麻生大臣が取った以上、職務遂行できない人物を辞任させることは国民の利益に適うものです。麻生大臣が指導力を発揮して適切な人事を行ったことに対して、何も指導力を発揮していないなどと逆ギレのような発言をしているのは柚木議員のほうです。

■野党合同ヒアリング②（4月25日）

尾辻かな子議員は、財務官僚に対して嫌味たっぷりに次のような言葉を投げかけています。

尾辻議員：本当にショックを受けた。いまだに大臣が被害者を加害者扱いだ。女性の人権侵害も甚だしい。財務省は終わりだ、国の信頼がなくなったといわざるを得ない。本当にあまりにショックです。女性の活躍推進という看板を下ろしなさい。

尾辻議員は、ひたすら主観的評価を内包した形容詞・副詞を根拠にすることで、相手を「悪」とする倫理観を植え付けています。このような言説を**【評価型言葉 evaluating word】**と言い、論理的にはまったく無価値であり、相手に精神的な苦痛のみを与えることになります。これは典型的なモラハラです。

「はめられた」という言葉に対して財務官僚が過去2日にわたって大臣の意見ではないと伝えているにもかかわらず、執拗に追及を続けるのは共産党・畑野君枝議員です。

畑野議員：「はめられた」ということはどういうことだ。国民の疑問を伝えている。これに対して直接麻生大臣が話ができないのであれば、あなたたちは責任をもって伝えたのか。昨日伝えたとして大臣はどのようなことを言ったのか。

財務官僚：繰り返しになるが私から答えることはない。

畑野議員：なぜだ。

財務官僚：繰り返しになるが私からの回答は控えさせていただく。

畑野議員：なぜだ。

財務官僚：繰り返しになるが私からの回答は控えさせていただく。

畑野議員：どういうことか。私たちはあなたから大臣からの趣旨を聞き納得できないと返した。それについて大臣はどのように説明を加えたのか。

財務官僚：冒頭に申し上げたが、大臣の発言、私の大臣の発言に対する補足説明について追加することはない。

すでに何度も示されている財務官僚の明快な回答に対して「納得しない」と言い続けている畑野議員の行為は、職務上の優位性を背景に、業務の適正な範囲を超えて精神的苦痛を与えるパワハラ以外の何物でもありません。麻生大臣も財務官僚も「意見を紹介しただけ」ということ以外に回答しようがないのは明らかです。

ここで柚木道義議員が口を挟みます。

柚木議員：あのね、それではダメなんだよ。何でダメかというと、麻生大臣が自身のネットワークで見聞きしたことを述べているということを答えられないということは、これ正直、ネットワークというのは安倍総理ではないか。安倍総理の最大のパートナーとしてやってきていて、安倍総理がはめられたと思っているのではないか。だからネットワークって誰なのか言えない。答えられないということになれば安倍総理が言っているのではないかと我われは思わざるを得ない。

財務官僚：追加的に申し上げることはない。

柚木議員：安倍総理がはめられていると思っていたことを否定しなかった。

世の中にさまざまな可能性がある中で、柚木議員は、「麻生大臣のネットワーク」というのが安倍総理であるということを唐突に言い出し、財務官僚がその前提を否定しなかったことを根拠に安倍総理が言っていると断定しました。このアベノセイダーズの論理展開の強引さには閉口せざるを得ません。

このように、前提が偽だと証明されなかったことを根拠に、前提が真であると主張するのは**【無知に訴える論証 argumentum ad ignorantiam】**という誤謬です。柚木議員は相手を論破したとでも思っているかもしれませんが、実際には自身の論理性の低さをさらけ出しているに過ぎません。

法律を運用するという職務上、論理に精通している財務官僚からすれば、精神的苦痛に他ならなかったことでしょう。

なお、この野党合同ヒアリングは翌日も行われました。いずれも、発言をする野党議員が示し合わしたように延々とストローマン論証を繰り返すことで、財務官僚に対して常に否定的な評価をし、絶えず批判、中傷を続けました。これは典型的なモラハラです。

■麻生大臣会見（4月27日）

朝鮮半島で南北首脳会談が行われるこの日、財務省が福田氏の事実上の処分に踏み切る方針を固めたと共同通信が報じました。麻生大臣はぶら下がり会見に応じました。

記者：火曜日の大臣記者会見で福田前次官の調査について「はめられて訴えられているのではないかという話も世の中いっぱいある」と発言をして野党が批判しているが、この発言はどういうことを意図したのか。

麻生大臣：そういう話があるという話を紹介しただけだ。

記者：世の中にいっぱいそういう意見があるのか。

麻生大臣：どこの新聞社の話だか知らないが、私の話は、少なくともそういう意見も一部にあるという話をしたのであって、セクハラの話は、最初からアウトだと言っているではないか。この間も似たような質問をしていたね。それだけの話だ。

記者：引用しただけで同調しているわけではないということか。

麻生大臣：当たり前だ。そういう具合につくりたいのか。最初からこれが事実だとすればアウトだと申し上げた。それをどこかを変えたいわけか。何を聞きたいのかよくわからない。

記者：大臣がそういう世の中の意見について、それももっともだというふうに。
麻生大臣：そういう意見もあるという話があるという話を紹介したに過ぎない。
記者：幹事社からは以上です。各社さん。
（沈黙が続き麻生大臣が後ろを振り返ると、一斉に記者が大声で大臣を呼び止める）
記者：大臣！
麻生大臣：最初から聞けよ！　大きな声出さないで。

マスメディアの記者が、定常的に国務大臣の発言を公平に正確に伝えることなく、言葉尻を取って陥れようとするのは極めて深刻な問題です。

マスメディアがセンセーショナリズムを煽るように国務大臣の発言を変質させることは、国民をミスリードすることにもつながります。普通の国語の読解力があれば誤解しようのない発言の趣旨をマスメディアが曲解することで社会問題化しているのは公益に適いません。特定のスケープゴートを設定して、徹底的に言葉尻をたたくこのようなマスメディアのモラハラは、1978年の「江川問題」から延々と続く日本社会の極めて大きな病巣の一つであり、言論の自由と人権を蹂躙しています。

質問がないと判断して麻生大臣が後ろを振り返ると記者が大声で「大臣！」と連呼するのは、

麻生大臣が回答から逃げているような印象映像を切り取るためにマスメディアが用いる卑劣な常套手段です。

この日の麻生大臣は、度重なるこの態度に怒り、大声を出して注意しました。ここで、麻生大臣に最初に質問したのはテレビ朝日の記者でした。

記者：今回、福田次官のセクハラ問題について財務省がセクハラと認定したという報道があったが、事実関係と受け止めを。

麻生大臣：共同通信に聞いてみたらどうか。

記者：事実ではないということか。

麻生大臣：処分については早急に実施したい。

記者：認定したかどうかについて教えてほしい。

麻生大臣：現時点で答える段階にはない。

記者：現段階で被害を訴えている女性に対して麻生大臣から一言いただけないか。

麻生大臣：今の段階では答えがまだ出ている段階ではないので、何も言うことはない。セクハラを受けたという方に関して、気分を害されたというところが一番問題なので、そういう事実があったとするならば甚だ遺憾なことだと思っている。これは最初から申し上げている。

記者：福田前次官への再聴取等はその後行っているのか。

麻生大臣：官房長に聞いてください。

記者：官房長は一言も発しないが。

麻生大臣：私がそれに言うことはない。

記者：財務省として現在の対応に問題ないと考えているか。

麻生大臣：私どもとしては最善を尽くしていると思っている。

記者：麻生大臣ご自身は、ご自身の一連の対応に関して、ご自身、セクハラに対しての認識は高いと考えているか。

麻生大臣：そうですね。

記者：ご自身は高いと。

麻生大臣：「そうですね」というのは肯定語だと思う。

まず、ぶら下がり会見において重要事項を発表することがないのは自明であり、認定の有無を訊く質問にはまったく意味がありません。

次にこの記者は、被害女性記者が自社に所属していることを利用して、大臣の言葉を求めています。テレビ朝日の玉川氏の証言によれば、テレビ朝日の財務省担当記者は、そもそも今回のセクハラ事案を発覚前から「一番わかっている」存在だったはずです。ということは、この記者はセクハラ事案を「一番わかっている」存在であるにもかかわらずセクハラに気付かなかったか、気付いて黙認していたかのどちらかに相当する、セクハラに対する認識の低い人物だといえるでしょう。

そのような人物がセクハラ問題の大家のごとく「セクハラに対しての認識は高いか」と麻生大臣に食って掛かっている状況は極めて欺瞞に満ちています。セクハラの認識が低い人物が、あたかもセクハラの認識が高いかのように振る舞っていることこそが、社会に慢心を生み、セクハラがいつまでもなくならない大きな要因の一つとなっています。

記者：セクハラを認定したということは、財務省として認定したのか。

麻生大臣：セクハラという騒ぎによって少なくとも財務省等に一連の迷惑をかけたということで、これ以上混乱することを避けたいという福田前次官の気持ちから退官しているので、私どもとしてはそれだけでそのセクハラの事実を認定するということはできない。私どもが調べられる範囲では少なくとも2人が面会をした事実までは福田前次官も認められているようなので、少なくともこの事実に基づいて財務省等に迷惑をかけたことに関して事実を認定すると。

記者：面会を認めたということは、あの録音自体が前次官のものであると、本人が認めたということでよいか。

麻生大臣：その状況に関して、3月何日かに会ったとこの前言っていたよね、確か。言っていたよねと聞いている。

記者（共同通信）：言った。

麻生大臣：4月何日だったでしょう、あれ。だから3月何日ではなかった。その事実だけ確認しておけばいい。あなたは3月27日だと断定した。ここで。

記者（共同通信）：新潮の報道が正しいとすれば。

麻生大臣：4月6日もあったでしょう。あっちは日にちが書いてある。3月27日という話は書いていないからね、新潮には。なかったでしょう。読んでみてほしい。

記者（共同通信）：証人喚問の後、予算が通るまでというと、その日しかないと思ったが。

麻生大臣：それは勝手にあなたが思い込んで、一方的にはめて質問してきたのか。

記者（共同通信）：新潮がちょっとそこは事実と違うことを書いていたということなのだと思うが。

麻生大臣：それに基づいて質問している。週刊誌の情報に基づいて質問したわけだ。共同通信の取材ではない。だってこの日に決まっているではないかと言ったではないか。

記者（共同通信）：私は直接材料を持っていないから。

麻生大臣：だったら、材料を持たずに私に質問したのか。

4月17日の会見で週刊新潮の記事を過信してヒステリックに麻生大臣に意見した共同通信記者が完全に麻生大臣に論破されています。

根拠なく一方の主張を信じ、相手を理不尽な悪と認定して上から目線で追及したところ、その前提が虚報であることが判明し、今度はその虚報に責任を押し付けています。自らの**【確証バイアス confirmation bias】**を認めないこのような不誠実な驕りこそが不公正な報道を生んでいることを、この共同通信の記者は気付いていないようです。

■大臣官房長・秘書課長記者会見（4月27日）

この日の夕方、財務省は会見を開き、矢野康治官房長が福田前次官の処分について発表しました。

矢野官房長：お騒がせしている福田前次官のセクハラ問題について、財務省としては、セクハラ行為があったと判断をし、処分を行うこととした。麻生財務大臣もかねてから述べているように、セクハラは被害女性の尊厳や人権を侵害する行為であり、決して許されることではない。この会見に先立ち、株式会社テレビ朝日に対し、セクハラ行為を受けた方へのお詫びを本人にお伝えいただくようお願いしたところだ。財務省全体の綱紀の保持に責任を負うべき事務次官がこのような問題を起こし、行政の信頼を損ね、国会審議にも混乱をもたらす結果となっていることは、誠に遺憾だ。関係者の皆様に深くお詫びを申し上げます。申し訳ありません。

ここで、福田前事務次官に対する処分について発表された内容は次の通りです。

1、財務省は、福田前事務次官に関する週刊新潮の報道を受けて、4月16日に「福田事務次官に関する報道に係る調査について」等を公表し、弁護士に委託して、福田氏に対する調査等を進めてきた。

2、そうした中、4月19日、株式会社テレビ朝日から、福田氏から同社女性社員に対するセクシュアル・ハラスメント行為があったと判断した、とする発表があり、同社から財務省に対して抗議をいただいた。同社の記者会見においては、本年4月4日夜の福田氏と同社女性社員との1対1の飲食の機会にセクシュアル・ハラスメント行為があったと同社として判断していることが、明らかにされている。

3、財務省としては、可能な限り詳細な事実関係を把握する必要があると考え、株式会社テレビ朝日にも納得いただけるやり方で話をきちんと伺わせていただきたいとお願いをしたが、同社からは、4月20日に、今後慎重に検討する旨のコメントがあり、また、4月24日には、財務省が委託する弁護士に対し、財務省と当該弁護士との関係性等に関する詳細なご質問をいただいている。

4、このように株式会社テレビ朝日は、被害者保護の観点から財務省の調査への協力に対して慎重姿勢をとっているが、他方で、調査に時間をかけすぎることも被害者保護上問題であるため、福田氏から特段の反論・反証が無い限り、財務省としては、同社が記者会見で明らかにした内容を前提として事実認定を行うこととした。

5、4月26日に財務省が委託する弁護士から受けた報告によれば、福田氏は、当該弁護士による複数回にわたる聴取に対して、セクシュアル・ハラスメント行為を否定する一方で、本年4月4日夜に株式会社テレビ朝日の女性社員と1対1の飲食をしたことは認めており、また、同社が記者会見で明らかにした内容を覆すに足りる反論・反証を提示していない。

6、以上のことから、財務省としては、福田氏から株式会社テレビ朝日の女性社員に対するセクシュアル・ハラスメント行為があったとの判断に至った。この行為が財務省全体の綱紀の保持に責任を負うべき事務次官によるものであり、結果として行政の信頼を損ね、国会審議等に混乱をもたらしていることも踏まえれば、福田氏の行為は、在職中であれば「減給20%・6月」の懲戒処分に相当していたものと認められる。

矢野官房長：今回、問題となった1対1の飲食におけるやりとりについては、財務省の調査で詳細な事実関係を明らかにしていくのは難しい面もあった。ただ、調査に時間をかけ過ぎることは、被害者保護上問題であるということも踏まえて、本日、福田前次官の処分を判断するに至ったものであり、これをもって調査は終了したいと考えている。今後は4月24日の記者会見において麻生財務大臣が述べたように、財務省全体として、今回の問題をきっかけとして、今後どのように対処していくかという点も極めて重要だと考えている。セクハラ・パワハラを決して許さないという組織文化を徹底していくため、まずは幹部職員を中心に集中的に研修を行い、さらに、女性をはじめとする職員の意見を丁寧に聞いた上で、更なる方策を講じていくことが必要だと考えており、速やかに検討の上で実施に移していく考えだ。

以上の概要を箇条書きにすれば次の通りです。

（１）財務省は福田前次官のセクハラを認めた
（２）財務省は尊厳や人権を侵害したことをテレビ朝日経由で被害女性記者に謝罪した
（３）財務省は行政の信頼を損ねて国会審議を混乱させたことを関係者に謝罪した
（４）財務省はセクハラ、パワハラを許容しないための方策を速やかに検討する

財務省がセクハラを認定するにあたっては、テレビ朝日が記者会見で明らかにした内容を前提とし、福田氏からその内容を覆すに足りる反論反証が得られなかったことを根拠にしています。論理的に考えれば、証拠不十分なテレビ朝日の見解を前提とするのは「悪魔の証明」であり、この検証方法は正しいとはいえません。

ただし、録音の内容を完全に把握しているテレビ朝日を善意の第三者として考えれば、疑似的に上記のセクハラ認定の論理を適用することができます。

テレビ朝日はこの問題のステークホルダーであるため、善意の第三者にはあたりませんが、おそらく財務省は、放送事業者であるテレビ朝日は公共性が高いという印象を前面に出し、時間をエクスキューズにして事態の収拾を図ったものと考えられます。テレビ朝日が財務省に証

拠を開示しない中、この方法は唯一の解決策であったと思われます。

一方、テレビ朝日は財務省から謝罪文を受け取り次のようにコメントしています。

テレビ朝日：当社は、財務省に対し徹底した調査と結果の公表を求めて参りました。本日、財務省からセクハラ行為があったことを認定する謝罪文を受け取りましたが、当社としては、再発防止のためにも引き続き詳細な調査を要請するとともに、福田前次官本人の謝罪を求めます。

財務省に証拠を開示していないテレビ朝日が「引き続き詳細な調査を要請する」というのは不合理です。新たな証拠が開示されない限り、調査が進展することは不可能です。

さて、テレビ朝日は被害女性記者のコメントを発表しています。

被害女性記者：福田前次官がセクハラ行為を認められていないことは残念ですが、財務省が事実を認定して謝罪されたことは、深く受け止めています。ハラスメント被害が繰り返されたり、被害を訴えることに高い壁がある社会ではあってほしくないと思います。すべての人の尊厳が守られ、働きやすい社会になることを祈っていますこれで社会正義のために次官を告発するという被害女性記者の所期の目的はおおむね達成できたことになります。福田次官の事実認定とは関わりなく財務省はセクハラを認定しました。常識的に考えれば、財務次官の辞任にまで至った今回の処分は、中央省庁のセクハラに対して大きな抑止効果をもたらすことになると考えられます。

■報道ステーション（4月27日）

この日の放送では、福田前事務次官に対する処分の発表を受けて、被害女性記者およびテレビ朝日のコメントを説明した上で小川アナが次のように述べました。

小川アナ：私も今回の問題を受けて周りの女性、男性、いろいろな人と話をしましたが、想像以上にその高い壁を感じている人が多いということを知りました。今回の女性社員の訴えからの流れを決して一過性のものにするのではなく、本当の意味で体制や意識が変わる転換点にしていかなければならない。そしてなっていってほしいと一女性としてもテレビ朝日の社員としても強い思いを込めてこれからもお伝えしてまいります。

「一過性のものにするのではなく」という点について私も強く同意します。ただし、民主党・津田弥太郎議員の公然とした暴行、立憲民主党・初鹿明博議員の強制わいせつ疑惑、そして青山雅幸議員のセクハラに対して論評することなくスルーし、財務省セクハラ騒動と同時進行した米山隆一前新潟県知事の買春疑惑などほとんど論評しなかった『報道ステーション』は、そもそも報道番組としてセクハラに十分対峙しているとはいえません。

政権批判の道具になる財務省セクハラ事案のみを取り上げて、「一過性のものにするのではなく」と言われても、説得力はまったくありません。

■読売新聞（4月30日）

読売新聞が、連日行われてきた野党合同ヒアリングに関連して「野党ヒアリングが物議、『邪道だ』身内も批判」という記事を発表しました。

国会で審議拒否を続ける立憲民主、希望、民進など野党6党が、各省庁の担当者を呼び出して説明を求める合同ヒアリングを展開している。

メディアに全面公開して世論に訴える戦略の一環で、2月から7テーマで計83回開いた。正確な議事録もなく、議場外で官僚に答弁を迫る手法には、与党だけでなく、身内の野党からも「単なるパフォーマンスで邪道だ」と突き放す声が出ている。27日夕、野党6党は国会の一室に財務省の担当者らを集め、福田淳一・前財務次官のセクハラ問題についてただした。財務省がこの日、福田氏を「減給20％・６ヶ月」とする処分を発表したことを受け、急きょ開催されたもので、野党議員が矢継ぎ早に「処分が軽すぎる」「麻生財務相も謝罪すべきだ」などと迫った。

野党が、申し合わせ事項として財務省側に多くの要求をしているにもかかわらず、議事録がないという惨状は、財務官僚をバカにしているだけでなく、財務官僚の給与を支払っている国民をもバカにしています。

そもそも国会議員が勝手に国会審議を拒否して給与を手にしていること自体が国民をバカにしていますし、それでなくても忙しい財務官僚を連日呼び出しては、業務の適正な範囲を超えて毎回同じ内容を集団で叱責したり、権限を越えた要求をしたりしているパワハラとモラハラは常軌を逸しています。

一人の財務官僚のセクハラ疑惑を根拠に、国会をサボってパワハラ・モラハラを繰り返す公開リンチに対して、さすがに国民の批判も高まり、この頃から野党の支持は下降の一途をたどることになります。ＮＨＫ世論調査によれば、２０１８年3月に10・２％あった立憲民主党の支持率は、２０１８年８月には5・6％まで落ち込み、同様に２０１８年３月には希望の党と民進党を合わせて１・８％あった国民民主党の支持率は２０１８年８月には０・４％まで落ち込んでいます。

野党議員による財務官僚に対するこうしたパワハラを、実体験として見てきたほとんどの国民が、これをパワハラと感じないだろうと思っているところに野党の大きな勘違いがあります。

■朝日新聞社説（5月1日）

この日、テレビ朝日の大株主でもある朝日新聞が「セクハラ　沈黙しているあなたへ」と題する社説を発表しました。

傷つけられて、沈黙しているあなたへ。

セクハラされて、我慢して、悔しかったでしょう。悲しかったでしょう。私には、あなたの気持ちがわかる。あなたは、私だ。（中略）ひどく傷つきながらも、考えた。この先も続くはずのキャリアを、失うのは怖い。だから、我慢することにした。同じような経験をして、声をあげた被害者はいた。でも、良いことなんて一つもなかった。バッシングされ、ネットでさらし者にされた。そんな目に遭うくらいなら黙っていよう。そう思ったあなたは、悪くない。


そして、傷つけて黙っているあなたへ。

地位や権力があれば、何をしてもいい。セクハラなんて目下の人間のわがままだ。海外の「#MeToo」運動も、日本では目立たないから大丈夫。やばくなったら、「性を武器にしたはめられた」と反論すればいい――。そんな理屈が許されるなんて思わない方がいい。私は、あなたを認めない。許さない。傷つけているあなたに知らせがある。少し前と違って、声をあげる被害者が増えてきた。（中略）

最後に、ただ沈黙しているあなたへ。

「自分は関係ない」と思っていませんか。（中略）性差別を、それを許す社会を、知らない間に受け入れてしまっていませんか。見て見ぬふりをしたり、「被害者のためだ」と笑ってやり過ごしたりしたことは？　人の心と尊厳を破壊する問題に目をつぶるとき、その社会は暗やみへ向かって歩み始める。もう、沈黙はやめよう。この息苦しい社会を変えるために。だれもが快く共存できる社会への、一歩を踏み出すために。

まるで詩のような暗示的な文章です。「傷つけられて、沈黙しているあなた」に対して「悪くない」、「傷つけて黙っているあなた」に対して「あなたを認めない」、「ただ沈黙しているあなた」に対して「沈黙はやめよう」というのは、その通りだと思います。

ただ、この社説を書いている朝日新聞自体が、過去に記者のセクハラの訴えに対して沈黙するよう助言した「沈黙しているあなた」であったことは秋山千佳記者が証言する通りです。そしてこの社説から約3週間後、朝日新聞が「傷つけて黙っているあなた」である疑いがあることも判明しました。この件については後述したいと思います。

■麻生大臣会見（5月4日）

アジア開発銀行の年次総会でフィリピンのマニラを訪れていた麻生大臣に黒田東彦日銀総裁を交えた共同記者会見の場において、記者が唐突にセクハラに関する質問をしました。

記者：テレビ朝日側が徹底調査を求めるというような文書を出したことについての見解と、与党の中からの「処分が遅きに失したのではないか」という声についてはどうか。

麻生大臣：テレビ朝日は被害者保護を重視する姿勢を取られている。「誰がしたか」「これはパワハラではないか」とか、いろいろな説が言われていることは自分自身で知っているのだろうが、今回問題となった話は、1対1の会食なので、そのやりとりについて、財務省だけで詳細を把握していくのは不可能だ。いくら正確であっても偏った調査ではないかといわれる。被害者保護の観点から時間をかけるのは問題があると考えた。福田前次官の一連の行為によって、財務省なり国会の審議等に影響を与えたことに関して彼は「誠に申し訳ありません」と言って退官をしたのが事実なので、その意味で処分をした。何回も言うが、セクハラ罪という罪はない。殺人とか傷害とは違う。訴えられない限りは親告罪だ。少なくとも向こうにまだ言われていない。そこから先は本人の話だ。したがって処分にあたっては、少なくとも福田前次官の人権等も考えなければならない。そうすると福田前次官と向こうの人と両方やらないと公平さを欠くことになるので、今回のような対応を取らせていただいた。

この後、この会見における「セクハラ罪という罪はない」という麻生大臣の発言に対して野党とマスメディアが問題視することになります。

■羽鳥慎一モーニングショー（5月7日）

ノーベル賞を選考するスウェーデン・アカデミーは、#MeToo運動によって文学賞を選考する女性メンバーの夫によるセクハラや情報漏えい疑惑が明らかになったことから選考体制に支障が生じたため、今年のノーベル文学賞の選考を見送ると発表しました。このニュースに対して、テレビ朝日の玉川徹氏が次のようにコメントしています。

玉川氏：そのくらいセクハラというのが世界では重く受け止められているという話としてこのニュースを受け取った。それに対して日本はどうなっているのかといったら、大臣が、財務省がセクハラを認めたのに「セクハラ罪という罪はない」と言ってしまうような彼我の差をこのニュースでものすごく感じる。

この事案において、スウェーデン・アカデミーが文学賞の選考を見送った直接原因は、セクハラを契機に明らかになった情報漏えい疑惑などのいくつかの重大な疑惑に対するアカデミーの対応を取り巻くメンバー間の対立です。あくまでセクハラは問題の間接原因であり、必ずしも最大の争点ではありません。

そんな中で玉川氏は、麻生大臣の「セクハラ罪という罪はない」という発言を根拠にして、あたかも麻生大臣のセクハラに対する意識が低いかのような印象を植え付けています。

ここで、「セクハラ罪という罪はない」という発言をする人物はセクハラ意識が低いのかということですが、それはこの番組自体によって否定されています。４月20日の『羽鳥慎一モーニングショー』で、セクハラを「犯罪」と理解していた長嶋一茂氏に対し、玉川氏、羽鳥慎一氏、山口真由弁護士が次のように否定しています（再掲）。

長嶋一茂氏：犯罪している人（福田氏）を守ってどうするのって思うけどね。
玉川徹氏：犯罪ではない。少なくとも犯罪とまでは今セクハラって言えないので。刑法犯ではないので。
羽鳥慎一氏：「セクハラ」って文言を書いた法律はない。
長嶋一茂氏：それだったら「定義は何なの」ということになる。
羽鳥慎一氏：その定義によって民法と刑法のいろんな法律を当てはめて対処している。セクハラというものを書いた法律はない。
山口真由氏：そうですね。刑事罰上の強制わいせつなどに当たらない限り刑法違反にはならない。
玉川徹氏：公然わいせつとか可能性はあるので今の段階で犯罪ということにはならない。

このように「セクハラ罪という罪はない」ことを長嶋氏に対して理路整然と説明していた玉

川氏が、その後に「セクハラ罪という罪はない」という発言を根拠に麻生大臣を批判するのは、耳を疑いたくなるほどの完璧なダブルスタンダードです。

テレビ朝日の放送番組基準には「テレビ朝日は、社会的責任と公共的使命を重んじ、不偏不党の立場に立って、真実を伝え、公正な姿勢を貫くとともに、放送の品位を高め、表現の自由を堅持する」とありますが、玉川氏の麻生大臣批判は「公正な姿勢を貫く」という点でテレビ朝日の放送番組基準に違反しています。

■報道ステーション（5月7日）

この日の番組では、麻生大臣の「セクハラ罪という罪はない」という言説を後藤謙次氏が強く批判しました。

富川アナ：麻生大臣が「セクハラ罪という罪はない」という発言をした。

後藤謙次氏：これも呆れる。セクハラが重大な人権侵害だという認識がまったくない。今年はノーベル文学賞がセクハラ問題に絡んで発表が延期される。国際的な大きな潮流からすごくかけ離れた発言だ。しかも財務省は福田前次官が「認定を認めてない」「セクハラの事実がない」と言っているにもかかわらず処分をした。それは連休後にこれを引きずらないという財務省の意思だったが、そのトップである麻生副総理が自ら火をつけるという意味では、副総理あるいは財務省のトップという自覚がないと言われても仕方がない。

「セクハラ罪という罪はないと考えている人物は、セクハラが重大な人権侵害だという認識がまったくない」という後藤氏の言説が真であるとすると、「日本のすべての法律家は、セクハラが重大な人権侵害だという認識がまったくない」ということになってしまいます（笑）。「セクハラ罪という罪はない」という知識は、国民が「セクハラ」の刑法上の扱いを理解する上で極めて重要なポイントでもあります。正しい知識を語っている麻生大臣に対して「呆れる」「副総理あるいは財務省のトップという自覚がないと言われても仕方がない」と批判をする後藤氏は、テレビ番組で誤った発言をしているという自覚がないと言われても仕方がありません。

■麻生大臣会見（5月8日）

この日の会見でも財務省担当記者から、麻生大臣をバッシングするだけの無意味な質問が続きました。

記者：大臣としても福田前次官のセクハラ行為はあったと認めているということでよいか。

麻生大臣：この間の、財務省として発表申し上げた通りだ。

記者：麻生大臣から謝罪の言葉等はないのか。

麻生大臣：すでにテレビ朝日側の女性に対しての文書をもって「誠意を持った御返答をいただいてありがとうございました」というお返事をいただいていると思う。

記者：麻生大臣の「セクハラ罪という罪はない」という発言に批判が集まっているが。

麻生大臣：セクハラ罪という罪はないと思うが。

記者：それだけか。

麻生大臣：セクハラ罪という罪があるかというなら、ないと思う。

記者：批判を浴びていることについてはどういった見解か。

麻生大臣：セクハラ罪という罪があると思っている方の発言かよくわからないが、セクハラは、いわゆる「罪」としては親告罪であって、セクハラ罪という罪はないということで、これは親告をされたことによる。訴えられているという話も伺っていないので、私どもとしてはセクハラ罪という罪はないということなのであって、そういうことを申し上げた。事実を申し上げているだけだ。

記者：福田前次官についてコメントした際、「罪はない」という言い方は「問題ない」という認識で言ったわけではないということか。

麻生大臣：当たり前だ。

記者：先進国ではセクハラ禁止が法律にそもそもある。日本にはこれはないということで、国連に禁止規定をつくるよう勧告されているという。今回のようなことを受けて、あのような発言のやりとりが、セクハラ罪ということがないことによって罪にはならないと言うこと自体、大臣としては問題である。

麻生大臣：罪にはならないと言うけれども、訴えられない限りという話だから。そこのところは間違えないでほしい。

記者：大臣は福田事務次官のセクハラについて「福田の人権も大事だよ」と、反論の機会を与えなければならないようなことを言っているが、その一方で、財務省の調査としては十分な反証がなされなかったから事実認定をしたという部分もあるかと思うが、その分の整合性はどういうふうに考えているのか。

麻生大臣：基本的に私どもはこのセクハラが事実だとすればアウトだと最初から言っていた。その話をすっかり忘れないでほしい。いかにもそんなことを言っていないような話になっているが、最初からアウトと申し上げている。ただ、こういった話は、いわゆる傷害罪と違って相手側から訴えられない限りは親告罪だ。先程からセクハラ罪という罪はないのが悪いみたいなことを言っていた人がいたが、その話は基本的には今申し上げた事実に基づいてやっていかなければならない。本人が否定している場合、1対1の話なので、その人の立場に立って考えなければならない面も忘れてはいけない。疑わしきは罰しないことになっている。この国は法治国家だ。その意味で本人の反論をきちんと聴いたが、少なくとも財務省の弁護士が聴取した範囲ではあの程度のものだったので、これではなかなか難しいと考え今度の判断をさせていただいた。

マスメディアは、コンテクストを無視して「セクハラ罪という罪はない」という発言を「セクハラは罪ではない」という発言に言い換え、大衆をミスリードしています。

度重なる麻生大臣の丁寧な説明にもかかわらず、マスメディアはその説明を理解しようともせずに、一方的に誤解釈してその点を批判するストローマン論証を繰り返しています。これでは議論が成立しません。

あえて言えば、「セクハラ罪という罪はない」という言葉の趣旨を理解できない記者は、記者として最低限必要な国語力を持っていないことは明白であり、職業を換えたほうがよいのではないでしょうか。

■報道ステーション（5月8日）

この日の『報道ステーション』では、麻生発言に関する河村建夫衆院予算委員長などの感想を紹介して、麻生大臣と安倍首相を批判しています。

河村予算委員長（VTR）：（セクハラ罪という）罪はないことは事実だが、それだけに心の罪は大きいんだよ。特に上に立つ人は社会の目とか、国民の目とか。しかしセクハラなんてそれ以前の問題だよな。

富川アナ：麻生大臣の発言が物議をかわしている。

後藤氏：「セクハラ罪という罪はない」という発言を何度も何度も繰り返して、さすがに温厚な河村氏ですら問題だと。党内からもいろいろな意見が噴出し始めた。ここはやはりきちっとする。野田聖子女性活躍担当大臣は、今回のこの国会中にきちっとした罰則を含めたルール化をしたいと明言している。これを束ねる安倍総理の責任は非常に大きい。

富川アナ：安倍総理がどのように言及するか注目していた。

後藤氏：安倍総理はこの問題が出て、一貫して何も発言していない。思い起こせば2013年2回目の政権を担って女性が輝く社会をアピールした。女性の問題は安倍総理の売りだった。それについて何も言わない。不作為の政治責任は極めて大きい。

河村予算委員長の発言VTRは切り貼りされていて何が言いたいのか意味不明です。この発言を後藤謙次氏は批判と解釈し、自民党内で反対意見が噴出しているように印象操作し、オキマリの安倍政権批判を展開しています。

結局、後藤氏にとってこの財務省セクハラ事案は、セクハラの問題ではなく、単なる政権批判の道具でしかないのでしょう。

個々の事案に対して、安倍首相が言及しないことをもってその事案に不作為であると解釈して批判するというのは言いがかりも甚だしいといえます。それを言うのであれば、財務省セクハラ事案のみをクローズアップして、野党議員のわいせつ行為を一切批判しない『報道ステーション』の不作為のほうがはるかに大きな社会的問題です。

■衆議院厚生労働委員会（5月11日）

長い18連休を終えた立憲民主党・池田真紀議員が、衆議院厚生労働委員会で、18連休に入る直前の矢野康治官房長の国会答弁を蒸し返しました。

池田議員：矢野官房長自身の発言について「名乗り出ることはそんなに苦痛なのか」という発言があった。その言葉について私は謝罪・撤回が妥当だと思うが、どう考えているか。

矢野官房長：財務省の前事務次官が起こしたセクハラという事態で世の中に大変ご迷惑をおかけしてお詫び申し上げます。私自身が衆議院の他の委員会で答弁した内容が報道でも引用されており、記者会見でも申し上げたが、私は答弁の中では「名乗り出ることがそんなに苦痛なことなのか」とは申し上げていない。私は申し上げたのは、財務省に対してではなくて弁護士・事務所に対してということ、それから弁護士事務所は守秘義務があること、そしてなおかつ名前を伏せて匿名でということ、「それでも無理でございましょうか」と申し上げただけではなくて、さらに前段でこの女性記者の方はご友人とか同僚の方が週刊誌に話を持って行って第三者通報的にこの記事が書かれているのではなくて、ご本人が録音テープを持ち込んで記事が出来上がっている。そのことは記事を読めば明確で鍵括弧付きで自己主張しておられることが明確。私はそこにすごく注目したということがあって、「それでもなお無理でしょうか」ということを申し上げた。議事録をご覧いただければおわかりになる。ただ「それでもなおデリカシーを欠くということであればお詫びを申し上げます」と記者会見でも申し上げた。私自身が何にも問題がなかったなどと言い張るつもりはないが、多々テレビのボードなどに「名乗り出ることがそんなに苦痛なことなのか」といった顔写真が出てほとんどクソ野郎という形で報道された。私自身も「本当に名乗り出ることがそんなに苦痛なことなのか」とだけ言ったら私は本当に人でなしだと思う。そんな人間は私も軽蔑する。でもさすがに私もそんなことは申し上げてなくて、今申し上げたような前提を縷々《るる》おいて「それでも無理でしょうか」と。「親にも兄弟にも言うことは難しい」という発言もあったが、本件とはまったく違っていて、本件は親兄弟を超えて第三者に名乗り出ておられる。だから「それでも無理ですか」と私は申し上げた。ただそれでもなお繊細さを欠いたというのであればお詫びを申し上げる。そのことは明確に申し上げる。私が申し上げた言葉は消えない。お詫びを申し上げる。

池田議員：新聞報道だけでなく直接お話をいただき非常によくわかった。その上で申し上げる。無理だ。名乗り出ることは絶対に無理だ。私はソーシャルワーカーとしてもいろいろな方にお会いしてきたし、多くの方々がそういう窓口がきちっとある警察に行っても、弁護士に行っても、役所に行っても、全部そこでまず否定される。だからたどり着かない。なので、名乗り出ることも非常に難しいし、産業医があっても難しいし、そういうデリカシー以前に人権感覚、相手の気持ちになって考えることができないのか。そして言った言葉は消えないと言ったが、撤回はできる。ぜひ撤回していただきたい。

矢野官房長：恐れ入りますが、申し出ることができないという「できる・できない」の話しではなく、「べきかどうか」という指摘をいただいていると承知の上で、弁護士事務所の名誉のためにも申し上げるが、弁護士事務所ももともと人権にものすごく義を用いている弁護士事務所だ。それが匿名でなおかつ上司が言って来てもいい、あるいは弁護士同伴でもいい、電話でもいい、いろんなことを、まあそれで十分であるかという議論はあるにしてもものすごく工夫をしてお話を伺うというスタンスを弁護士事務所さんはとった。結果的にはテレビ朝日さんが名乗りを上げられた。本人ではなくて上司である、あるいは会社である株式会社テレビ朝日さんが名乗りを上げられた。そしてテレビ朝日さんの顧問弁護士と私たちの顧問弁護士と会って第三者性が欠けていると批判はあったが、顧問弁護士同士の話し合いが水面下でずっとなされて、結果として認定に至った。手を挙げるはずはないということは事実とは結果的には違ったと思います。

池田真紀議員といえば、４月20日に自ら提出した法案の審議を拒否して委員会室から消え去り国民を愚弄した無責任議員です。法案の審議を拒否した当日に何をしていたかといえば、財務省に乗り込んで「#Me Too」のプラカードを掲げてデモを行っていました。

矢野官房長の呼びかけは、被害女性記者に対して最大限の配慮をしたものであり、実際にこの方策を行ったことによって、被害女性記者の希望通り、福田氏のセクハラが正式に認定されるに至りました。

野党やマスメディアが勝手に被害女性記者の意志を決めつけてヒステリックに代弁する中

で、矢野官房長は被害女性記者の行動を分析し、被害女性記者が名前を明かすことなくセクハラ認定に関与できる方法を構築しました。事実、被害女性記者は「財務省が事実を認定して謝罪されたことは、深く受け止めています」とコメントしています。

それとは逆に、やみくもに二次被害を叫んで矢野官房長を極悪人に仕立て上げ、挙句の果てには被害女性記者を特定するような情報を流してしまった杉尾秀哉議員や柚木道義議員(当時、国民民主党所属)の行動は人権侵害も甚だしいと断罪できます。

池田議員の「無理だ。名乗り出ることは絶対に無理だ」という主観的な評価も無責任極まりありません。異なる環境における自らの経験を基に「絶対無理」と決めつけているようですが、既に矢野官房長の方策が機能したという事実が確定している中で、事実と異なる見解を主張しても通用するはずがありません。この一連の質問自体が明らかに無駄な質問であると言えます。

■衆議院財務金融委員会(5月11日)

衆議院財務金融委員会では、尾辻かな子議員が麻生大臣の「セクハラ罪という罪はない」発言についてヒステリックに質問をしました。

尾辻議員：さらにまたひどい発言がある。「セクハラという罪はない」。今でもセクハラという罪はないと思われているか。

麻生大臣：セクハラ罪はない。間違えないでほしい。ここのところは大事なところだ。セクハラという罪はないなんて言ったことはない。セクハラ罪はない。悪意で切れば、セクハラ、罪はないと読める。アサ・ナマタロウみたいな読み方だ。切り方の問題だ。これは刑事罰として存在していないので「訴える」「訴えられる」といったもので話し合われるということを正確に法律用語として正しく申し上げたが、悪意をもって途中で切られて、セクハラという罪はないというふうに言い換えられている。セクハラ罪はないと一つのセンテンスで読んでほしい。

尾辻議員：では、もう一度。セクハラ罪という罪はないということについては自信を持って言っているわけだが、これはあたかもセクハラが悪いことではないという開き直りにしか聞こえない。いじめという罪はない、こうやって開き直って、また加害者をバッシングしているわけだ。この「セクハラ罪という罪はない」で何が言いたかったのか。普通であれば、セクハラ罪という罪はないと言った後に言わなければいけないのは、これは法律の不備であると言わなければいけないんじゃないか。今までセクハラ罪という確かに明確な定義がなかった。男女雇用機会均等法は事業者に義務づけているだけでない。だから、こういう人たちは泣き寝入りしてきた。少数の頑張っている人たちが何とか裁判に訴えて、そしてやっと判例が積み上がっている。「セクハラ罪という罪はない」の後に言いたかったことは何か。申し開きか。

麻生大臣：法治国家なので、法律の話として、セクハラ罪と称する犯罪はないという事実を申し上げている。しかし、セクハラというのは一般に捜査機関が捜査を行うわけではない。双方の主張が異なる場合には事実関係を認定することがなかなか難しいという問題意識が私どもの発言だが、その発言の一部が切り取られたということだ。私どもは「セクハラはアウトだ」と一番最初から言っている。そこのところは全然取り上げられないのは残念だ。

尾辻議員：なので、セクハラ罪はないからという言い方は、まるでそれが許される、そして開き直っているようにしか聞こえない。そこは、十分、大臣の発言として、いまだに、そのことが被害者に対してまたバッシングになっているということ、そして国民の皆さんに、セクハラは、セクハラ罪というものはないから、裁判にならない限り大丈夫ととられかねない発言だということを申し上げておく。

自ら率先して言葉を言い換え、国民が誤解釈するという尾辻議員の主張は完全に破綻しています。麻生大臣のオリジナル発言を普通に聞けば、このような誤解釈をする余地はありません。

そもそも、マスメディアが言説の一部分だけをわざわざ切り取ることで、コンテクストを消し、大衆の誤解釈を促した側面もあります。

このような低次元の議論は、国民にとって不要であり、法案を論理的に審議するという国会の本質的なあり方を大いに歪めるものです。尾辻議員のような言葉の揚げ足取りをする議員が存在することで、国民のための貴重な議論の時間が失われることは極めて残念です。そもそもセクハラを財務金融委員会で議論にすること自体が間違っています。

なお、セクハラ罪という罪がなく、セクハラが親告罪に適用されて罪となることは、必ずしも尾辻議員が言うような法律の不備ではありません。事実が公になることによって被害者に不利益が生じることを回避するための措置としては、親告罪は有用です。

■報道ステーション（5月11日）

この日の放送では、衆議院財務金融委員会でのセクハラ議論を背景に、亀石倫子弁護士がコメントをしました。

富川アナ：麻生氏の一連の発言はどうか。
亀石弁護士：いま世界中でなぜセクハラが問題になっているのかということに対する認識

がすごくずれている。セクハラというのは受け止める側の心の問題ではなく、その人の人格を傷つける行為であり、その根っこにある性差別意識を変えていかなければならないということが今求められている。そういう認識がまったくない。政府の代表をする政治家がこういったことを発言すると、世界に対して日本はセクハラに対する理解や取り組みが遅れているというメッセージを発することになる。

富川アナ：政治家が発言することによって心に傷を負う人が出てきてしまうかもしれない。

小川アナ：二次被害となる。

富川アナ：意識を変えないと変わらない。

小川アナ：変えようとしないと変わらない。

麻生大臣の発言の言葉尻だけを捉えて、「世界の認識とずれている」などと議論を矮小化している限り、セクハラの根絶には一向に役に立ちません。セクハラの法的扱いについて説明をした麻生大臣を「悪魔化」して、日本はセクハラに対する理解や取り組みが遅れているというメッセージを世界に対して送っているのは、野党議員とマスメディアに他ならないのです。

もしも『報道ステーション』が、本当にセクハラを根絶したいのであれば、野党議員や芸能人の強制わいせつ疑惑、そして世間の常識とかけ離れてセクハラの温床となっているマスメディア業界のセクハラ事例をつまびらかにして、防止策を提案するのが最も重要なことです。このような的外れの報道の意識を変えない限り、いつまでたっても日本はセクハラ後進国であり続けることでしょう。

■メディアにおけるセクハラを考える会報告（5月21日）

「メディアにおけるセクハラを考える会」という任意団体が、メディア業界のセクハラの実態に関する調査結果を発表しました。その概要は次の通りです。

調査データは、メディア関係者35人から寄せられた１５０件の事例から構成される。被害を受けたときの年齢は20代が圧倒的に多く、今回の調査の中の77件、50%を超えている。被害者の性別はすべて女性という結果になった。加害者として、警察検察関係者が12%。２番目が政治関係者で11%。３番目、公務員が８%。つまり被害の３割は、権力関係者の男性からメディアの女性になされている。それに加え、社内、つまり女性の上司もしくは同僚からなされているセクシャル・ハラスメントというのが４割にのぼる。

社内からの４割というのも非常に深刻な問題だ。メディアは社会の公器であり社会の鏡であると言われるが、それが社内の中でセクハラをされているとなると、訴えようにもまず社内で理解をしてもらえない。今回の事例の中にも出てきたが、上司に止められる、「＃ＭｅＴｏｏ」の報道をしようとしたら止められるというケースもたくさん聞かれた。組織の中に属している女性ですらそういう状況であるということは、いわんやフリーランスや契約の方はもっとひどいと推察される。

加害者の性別は男性が97％、女性が３％という結果が出た。女性の３％というのは女性が上司に被害を訴えた際に、それくらいあなたも我慢しなさいと言われるような、いわゆる二次被害のハラッサーという結果が多かった。

被験者が35人と少ないため、統計値の有意性は必ずしも保証されませんが、メディア関係者に対するセクハラの加害者として圧倒的に多いのはメディア関係者であることがわかります。同業者が多いのは接触の機会が多いためとも考えられますが、その数は、例えば公務員から受ける数の5倍にものぼり、深刻な問題であると指摘できます。

さらに、被験者35人で総件数が１５０件に及ぶというのも大きな問題です。今回の事案でマスメディアは取材先を強く責めましたが、女性記者にとってみれば、それ以上にメディア関係者に注意を払わなければならないということになります。

■週刊文春2018年5月31日号（5月24日）

『週刊文春』2018年5月31日号に「朝日新聞で上司が女性記者にセクハラの疑い」という題名のスクープ記事が掲載されました。記事の内容の概略はインターネットの『文春オンライン』上で公開されています。


朝日新聞社で、上司が女性記者にセクハラをした疑いがあることがわかった。週刊文春の取材によれば、3月、経済部の歓送迎会が開かれた。女性記者は幹事の一人で、その後、男性の上司とバーに流れた。朝日新聞の中堅社員が証言する。

「そこで上司は女性記者に無理やりキスを迫り、自宅にまで上がりこもうとしたそうです。女性記者は、後日、被害を同僚記者らに打ち明けたとか」

その後、上司は論説委員となり、以前と変わらず働いているという。（中略）

朝日新聞広報部に確認を求めると、次のように回答した。

「ご質問いただいた個別の案件につきましては、お答えを控えます。当事者の立場や心情に配慮し、保護を優先する立場から、ご質問にお答えできない場合があることをご理解下さい」

5月1日の社説「セクハラ　沈黙しているあなたへ」で、セクハラの行為者に対して「私は、あなたを認めない。許さない」と宣言した朝日新聞ですが、その論説委員が、女性記者に対して肉体的なセクハラを行ったという証言があるということです。この証言の真偽について朝日新聞が回答を拒否しているということは、「もう、沈黙はやめよう。この息苦しい社会を変えるために。だれもが快く共存できる社会への、一歩を踏み出すために」という社説とは完全に言行不一致です。自ら実行できない内容を他者に強要するという朝日新聞のダブルスタンダードには閉口せざるを得ません。

ちなみに、被害を受けたとされる女性記者は財務省記者クラブに属していると『週刊文春』は報じています。

■週刊ポスト2018年6月22日号（6月11日）

『週刊ポスト』２０１８年６月22日号に「テレ朝セクハラ調査のブーメラン」という題名のスクープ記事が掲載されました。記事の内容は、一部加筆されてインターネットの『ＮＥＷＳポストセブン』上で公開されています。以下はその内容を一部抜粋したものです。

〈家に誘われる〉

〈身体を触られる。キスを迫られる〉
〈社内での過度なボディタッチ〉
――生々しい「被害報告」の数々。これは、テレビ朝日で行われたセクシャル・ハラスメントに関するアンケート結果に記された文言である。そこに書かれた衝撃的な実態からは、テレビ朝日のセクハラに寛容な体質が浮かび上がってくる。アンケートは、テレビ朝日労働組合が４月27日から5月11日の２週間にわたって実施したものだ。４月、財務省の福田淳一・前事務次官による同社女性社員への「胸触っていい？」「手縛っていい？」といったセクハラ発言が大きな問題となったことを受けて、組合がハラスメントの実態を把握するためにアンケートを行ったのである。

まず驚くのは、セクハラを受けたことがあると答えた社員の割合だ。アンケート対象者は組合員７０６人（男性５０７人、女性１９９人）。結果によると、「セクハラを社内関係者から受けたことがある」と答えた人は、回答した４６２人中92人で約20％となっている。ところが女性だけにしぼってみると、回答者１２６人中71人。実に56・３％が社内関係者からのセクハラ被害に遭っていることが判明した。

この数字をどう見るか。独立行政法人「労働政策研究・研修機構」が25～44歳の女性労働者を対象としたアンケート調査の結果（２０１６年）によると、セクハラを経験したことのある人の割合は28・7％となっている。テレビ朝日の女性社員がセクハラを経験した割合は、「社内関係者」からの被害だけで言ってもざっと世間一般の2倍と言える。同社総合編成局の若手社員が明かす。「最近まで、局幹部によるセクハラが実際にありました。番組関係者の飲み会の席で、局幹部の隣によく座らされる若手の女性社員がいるんです。男性幹部は酔ってくるといつもその女性社員にボディタッチをしていて……明確に嫌がっていて、それを見ている人もいるはずなのに、みんな見て見ぬふりです。かくいう私も何も言えないのですが」

『週刊ポスト』が報じたように、女性組合員の半数以上の56・3％が社内関係者からセクハラを受けているというのは日本企業の平均値の約2倍であり、衝撃の実態であるといえます。

今回のセクハラ騒動に関連するテレビ朝日の報道において、玉川徹氏・後藤謙次氏・亀石倫子弁護士が、「日本のセクハラ意識は世界の潮流からずれている」と批判しましたが、その日本のセクハラ意識からも相当ずれているのがテレビ朝日のセクハラの意識ではなかったでしょうか。

つまり、日本のセクハラのトップランナーが、「日本はセクハラ後進国である」と警鐘を鳴らすというワケのわからないカオスの世界がここにあるのです。

また、女性回答者１２６人のうち、社外関係者からセクハラを受けたのは43人（34％）であり、「メディアにおけるセクハラを考える会」の調査と同じように、やはり社内関係者からのセクハラが最も多いといえます。

テレビ朝日の玉川徹氏は、問題は社外のセクハラに対する整備で、社内のセクハラに対する整備は非常に進んでいると発言しましたが、それは何の根拠もない慢心に過ぎなかったことがわかります。

ちなみに、玉川氏は「我われの世界だって、20年前とかは、あえて言うけど、当たり前にセクハラとかパワハラとかいっぱいあった」と証言しています。この証言から推察するに、おそらく20年前のテレビ朝日は、セクハラ・パワハラ無法地帯であったものと考えて間違いないでしょう。

第4章

財務省
セクハラ騒動から
見えてきたもの

財務省セクハラ騒動の登場人物たちの言動を振り返る

今回の財務省セクハラ騒動は、政権・マスメディア・野党という3つの枠組みの中で事態が進展していきました。

このうち政権のメインプレイヤーは財務省、マスメディアのキープレイヤーはテレビ朝日、そして野党のキープレイヤーはお馴染みの目立ちたがり屋の皆さんということになります。

本章においては、今回のセクハラ騒動で観察された各登場人物・組織の行動について総括して論評したいと思います。

■政権

◆麻生太郎財務大臣

福田財務次官が関与しているとみられるセクハラ事案に対して、その管理責任を問われたのは、財務省の主任の大臣として行政事務を分担管理する麻生太郎財務大臣です。

麻生大臣は、疑惑が発覚した直後には、あれほどの大騒動になることを予見していなく、「十分な反省があったと思っているのでそれ以上訊くつもりはない」として福田次官を厳重注意にとどめる方向性を示しました。

しかしながら、セクハラというタイムリーで反論が許されないテーマに乗じた野党とマスメディアの追及は想像を絶するものとなり、すぐに方向転換して、調査を指示することになります。

麻生大臣が打ち出した基本方針は、「記事の内容が事実であったら完全にアウトであり、事実認定に基づき問題を解決する」という極めて常識的でシンプルなデュー・プロセスに基づくものです。

仮に野党議員の主張のように、週刊誌報道のみで官僚を辞任させることを認めれば、日本は公正な法治国家ではなくなってしまうことに留意が必要です。

本書の冒頭に示した通り、セクハラ認定に必要なのは、セクハラ行為の確認に尽きます。つまり、平均的な労働者（今回の場合は平均的な女性労働者）が迷惑と感じる可能性がある嫌がらせ行為を加害者が行っているか否かを確認することです。麻生大臣は『週刊新潮』に書かれた行為自体はセクハラであると認定しているため、後はそのような事実があったかどうかを認定することのみが必要でした。

麻生大臣のセクハラ認定に対する方針は終始一貫していました。しかし、セクハラ認定に関する基本的知識もない野党とマスメディアに調査方法を批判されたり、「はめられて訴えられている」「セクハラ罪という罪はない」などの発言が理不尽に言葉狩りされたりして、徹底的に「悪魔化」されてしまいます。その挙句には野党とマスメディアから麻生大臣の任命責任を問われ、大臣の辞任を要求されるに至ったわけです。

福田次官を任命したのは確かに麻生大臣ですが、任命時にセクハラ事案を予見することは事実上不可能であり、セクハラ事案を根拠に大臣の辞任を要求することは民主主義の根幹にも関わる不合理な行為です。これを認めれば、官僚がセクハラ行為を確信的に行うことで大臣を辞めさせることすら可能になります。

いずれにしても、複数のマスメディアと野党議員によって、「セクハラ罪という罪はない」という発言が「セクハラは罪ではない」という意味に改ざんされて流布された麻生大臣は明らかにモラハラの被害者です。

このような絶え間ない中傷に屈することなくボロボロになりながら正論で対峙する麻生大臣は、日本の民主主義にとって非常に貴重な存在と考えます。

◆矢野康治財務省大臣官房長

被害女性記者に協力を呼びかけた矢野官房長は、野党とマスメディアから「悪魔化」ならぬ「クソ野郎化」されました。矢野官房長の呼びかけは、被害女性記者に不快な記憶を想起させるという意味でのセカンド・ハラスメントを発生させる可能性がありましたが、その一方で被害女性記者の所期の目的である福田次官の正式なセクハラ認定を匿名で達成するためには有効な方策でありました。

実際、この方策により財務省指定の弁護士とテレビ朝日側の弁護士が話し合いを行い、福田次官のセクハラが認定されました。被害女性記者も、財務省の認定と謝罪に対して「深く受け止める」と発言しています。

セクハラ騒動がヒステリックに進行する中、矢野官房長は被害女性記者の意志を尊重して策定したものと考えられます。あえていえば、矢野官房長は被害女性記者が誰であるかを想定して方策を策定した可能性もあります。

ステークホルダーであるテレビ朝日を、善意の第三者と見なして疑似的にセクハラ認定の証人としたことは厳密には正しい方法ではありませんが、テレビ朝日が証拠を開示しない以上、近似解を得られる現実的な妥協策であったと考えます。

なお、当然のことながら、財務次官のセクハラを認定した以上、財務省には「組織」としてセクハラを起こした管理責任が発生します。麻生大臣と官房長がテレビ朝日の被害女性記者に謝罪したのは当然であり、今回のセクハラが個人に起因するのか、あるいは系統的な組織構造に起因するのかを官房の人事担当に調査させ、今後の防止策を早急に策定する必要があります。

◆野党合同ヒアリング財務省担当官僚（柳瀬護財務省官房参事官他）

度重なる野党合同ヒアリングで、野党議員から発せられる常軌を逸した不合理かつヒステリックな質問・要求・罵声のサンドバッグとなっていた担当官僚は、業務の適正な範囲を超えた精神的苦痛を受けていたものと想像できます。これはパワハラに他なりません。

法律を実行する職務上、論理に長けている官僚が、野党議員のいかなる理不尽な言動に対しても誠実に答えさせられ、挙句の果てに「狂ってる」とまで言われた状況は、まさに言葉による公開リンチを受けていたといえるでしょう。

特に、麻生大臣の発言を根拠に罵声を浴びせられていた状況は不合理の極みです。担当官僚は麻生大臣が管理する省庁で勤務しているだけであり、辞職する以外、このシチュエーションを自ら主体的に変えることはできません。

このような変更不能あるいは困難な属性を根拠にした憎悪表現のことを**【ヘイト・スピーチ hate speech】**といいます。つまり、財務官僚は野党議員からヘイト・スピーチによるパワハラを受けていたことになります。

三権分立の精神から、業務の適正な範囲を超えて権力を濫用する野党議員に対して、財務省は抗議すべきであると考えます。

■マスメディア

◆テレビ朝日上層部

今回の騒動において、テレビ朝日上層部は、迅速に社内調査を行って問題を把握し、おおむね適正な事後処理をしたといえるでしょう。

しかしながら、証拠の開示にあたって妥協しなかったことは残念な決断でした。テレビ朝日立会いの下、財務省指定の弁護士が録音なしに聴取すれば、完全な認定を行うことができたはずです。財務省は流れさえつかめればよかったわけです。

被害女性記者が社員であることを認めた会見（４月19日深夜）において質疑応答をテレビ朝日が放映しなかったことは不誠実です。しばしばスケープゴートに対して機関銃のように質問を浴びせた上で、相手が質問に答えない様子を批判するテレビ朝日が、自社の記者会見については質疑応答を放映しないというのは明らかにアンフェアです。

会社として被害女性記者のセクハラを把握できずに社員のセクハラ被害の発生を許容した以上、テレビ朝日には「組織」としてセクハラの誘因をつくった管理責任があります。

デスクの取材指示に対して、事情を述べて拒否できなかった被害女性記者は、「暗黙の了解」を強いられたと指摘できます。その一方で、社員から連絡を受けていなかったテレビ朝日上層部には、個人としての管理責任はありません。

ただし、「民間企業ならトップが責任を取るのは当たり前」という原理の下に、放送を通して政権トップの責任を常に求めてきたテレビ朝日のトップが、何の責任も取らないというのは極めて不誠実ではないでしょうか。

加えて、女性上司がセクハラの情報を沈黙したこと、および被害女性記者がオフレコの音源を第三者に渡してしまったことについて、7月にテレビ朝日上層部は不問とする判断をしました。

まず、女性上司の行為は明らかなコンプライアンス違反ですが、角南社長は隠蔽する意思がないことなどを総合的に考慮して、就業規則に基づく処分を行うまでもないと判断しました。

被害女性記者をセクハラ・リスクにさらすとともにヒステリックな大騒動の誘因になった行為であるにもかかわらず、この裁定ではあまりにも軽いのではないでしょうか。

次に、一般の国民でもある被害女性記者が『週刊新潮』に情報を提供したことは公益目的に適うものであると考えられますが、その一方でマスメディアの記者である被害女性記者が、取材内容を含めて外部に提供してしまったことは重大な報道倫理違反です。

しかしながら角南社長は、提供した取材内容は限定的であったことを根拠に就業規則に基づく処分を行うまでもないと判断しました。この点については、提供した取材内容が不明であることから論評不能です。

さて、テレビ朝日の女性組合員の56・3％が社内関係者からセクハラを受けているということが『週刊ポスト』の取材により明らかになりました。この数字は、日本企業の平均値の約2倍であり、テレビ朝日こそが日本のセクハラのトップランナーであることは間違いありません。一人の財務次官が起こしたセクハラ騒動とは比べものにはならない深刻な問題のはずです。テレビ朝日上層部は、早急に関係者を厳正に処分し、その処分内容を公表すると同時に、今後の防止策を早急に策定する道義的な責任があります。

なお、テレビ朝日の番組によれば「民間企業ならトップが責任を取るのは当たり前」らしいので、テレビ朝日上層部がどのような責任を取るか、興味深いところです。

◆テレビ朝日財務省担当セクション

被害女性記者がセクハラを明確に訴えていたにもかかわらず、そのことを女性上司が会社に報告せず、社内で情報が共有されていなかったことがセクハラの誘因となりました。

ここで問題なのは、そのような社内にも明かされなかったような情報が、外部の古賀茂明氏・望月衣塑子東京新聞記者・柚木道義議員・杉尾秀哉議員にはしっかりと漏れていて、それが公の場での発言やＳＮＳを通して拡散されていったということです。

正確にいえば、二次被害を恐れていた女性上司自らが二次被害に繋がる情報を漏洩すると同時に、二次被害を問題視する古賀氏・望月記者・柚木議員・杉尾議員が二次被害に繋がる情報を拡散したといえます。言っていることとやっていることが違うというのは、まさにこのことです。

また、女性上司が「声を上げることで、ダメージ（取材がしづらくなること）を被りかねない。放送できたとしても二次被害がある」との理由で報道は難しいとしたことは、情報ソースの報復とセクハラの両方に屈するものであり、報道機関として極めて問題があるスタンスです。

日頃は容赦ない取材と報道で多くのスケープゴートを徹底的に非難しまくっている報道機関が、自らがダメージを被る場合には報道もしないというのは、報道機関の思い上がりとヘタレぶりを象徴しています。

◆テレビ朝日『羽鳥慎一のモーニングショー』

テレビ朝日社員の玉川徹氏がテレビ朝日批判に繋がる率直な意見を述べたり、番組出演者がセクハラに対する風評を否定する正論を述べたりするなど、財務省セクハラ騒動について『羽鳥慎一のモーニングショー』では、興味深い議論を展開しました。

ただ残念なことに、ワイドショーのサガなのか、「セクハラ罪という罪はない」ということを早い時期から番組で論理的に議論していたにもかかわらず、後に麻生大臣が同じ発言をすると、過去の議論などなかったかのように麻生氏を論理的に批判しました。

また、しばしば「民間企業ならば当たり前」という言葉を口にして政権批判をする玉川氏ですが、実際にはテレビ朝日社内こそがセクハラの温床であることが判明し、ビリーフに基づく非常に甘い自社認識を露見させせました。

◆テレビ朝日『報道ステーション』

『報道ステーション』が、セクハラに関する上谷さくら弁護士や秋山千佳記者の証言を紹介したり、セクハラに関する特集企画を３回にわたり放映したりしたことは評価に値します。ただし、公平性が担保されることなく何でもかんでも政府批判に結び付ける後藤謙次氏のコメントには正直ウンザリするところです。

特に、過去のセクハラに対峙することなく新たなセクハラの誘因をつくったテレビ朝日を「ギリギリセーフ」と評価したのは、まさに**【御用コメンテーター spin doctoring】**の真髄を極めたといえるでしょう。

さらに、番組と後藤氏は、福田氏を疑惑のみで断罪し、そのことをもって麻生大臣の辞任を要求するとともに安倍首相の責任を問う主旨のテレビ報道を連日にわたって繰り返しました。専門家の意見表明の部分を除けば、説明ＶＴＲもスタジオトークも政権批判のための一方的で狡猾な編集・演出が張りめぐらされている状況です。このことは、「特定のターゲットに対して、常に否定的な評価をする、絶えず批判する、孤立させる、その人についての虚偽の情報を流布したり、中傷したりすることを、複数の人物が示し合わせて行う」と定義されるモラハラに他なりません。

なお、「セクハラは人権問題」と強調する後藤氏ですが、同時期に発生した米山隆一新潟県知事の女子大生に対する買春疑惑などには一切コメントをしていません。このことからもわかるように、番組や後藤氏にとって重要なのは、政権批判に繋がる特定のスケープゴートが犯したセクハラであり、反原発の県知事やテレビタレントが犯したセクハラは論評に値しないということです。

さらに、『報道ステーション』を含むテレビ朝日の報道番組では、テレビ朝日社内でセクハラが異常に蔓延している深刻な事実については一切報道していません。このようなダブルスタンダードのスタンスこそが、性差別を見過ごしているのです。

◆財務省記者クラブ（財政研究会）

芸能レポーターと大差ない質問をスケープゴートに浴びせ、示し合わせたようにアクロバティックな言語解釈（例えば「セクハラ罪という罪はない」→「セクハラは罪ではない」）をしてスケープゴートを一斉に問題視する財務省記者クラブはジャーナリズムから逸脱しています。

財務省の「女性記者の調査への協力要請」に対する抗議文も、精緻な論理的分析に基づくものではなく、「中二病」のような薄っぺらい感情に基づいていました。

財務省記者クラブは、財務省の「連絡いただきたい」という要請を「名乗り出てこい」と言い換えた上で、それを文字通りに「氏名を明かす」ことと解釈し、調査を混乱させました。財務省の要請は、実際には匿名あるいは代理人の電話連絡も可能としていて、「氏名を明かす」とは程遠い内容でした。

メディア間の談合だけではなく、官僚とメディアの談合の温床となっている記者クラブはすでに適正なジャーナリズムとはかけ離れた存在にあるのではないでしょうか。良好な人間関係を築いて情報を得るというシステムが情報の偏向を生むことは自明です。

このような論理矛盾を起こしている財務省記者クラブの存在も、今回のセクハラの誘因の一つとなったものと考えられます。

◆メディアスクラム

今回の騒動においても、歩行で移動中の無言のスケープゴートに対して、メディアスクラムが場所を選ばず出現し、複数の記者が示し合わすようにヒステリックなレトリカル・クエスチョンを矢継ぎ早に大声で浴びせました。

・4月12日　対福田次官：「週刊誌報道について事実関係を説明願えないか」「セクハラ発言はあったのか」「記事が出たこと自体についてどう考えているか」「記憶はあるか」「事実だとしたら自身の進退について考えているか」「財務省の信頼が揺らぐ事態が続いているが、責任を感じているか」「セクハラについてなぜ明確に否定されないのか」「辞任を求める声も出ているが」「否定はしないのか」「なぜ否定できないのか」

・4月13日　対福田次官：「騒動について会議では謝罪したか」「立場を利用したものではないか」「このまま何も話さないつもりか」「自身の進退についてはどう考えているか」「事実でないならなぜ否定されないのか」「答えてほしい」「音声データが公表されたが」「辞任するのか」「抱きしめてもいいかとか触ってもいいかとか言うのか」「音声データは自身のものか」「辞めるのかこれで」「大臣にはどう説明したのか」

・4月13日　対麻生大臣：「次官のものとみられる音声が公開されたが確認されたか」「処分は考えているか」

・4月16日　対麻生大臣：「次官更迭と報道があったが」「セクハラ調査はしないのか」

・4月17日　対福田次官：「あらためて辞任する考えはあるか」「自身の口で説明する

ことは考えていないか」「女性側に名乗り出るよう申し出るのはパワハラではないか」「自身の説明が曖昧なまま女性に求めるのはアンフェアではないか」「自分の声はわからないのか」「自分の声については否定しないのか」「答えてほしい」
・４月17日　対麻生大臣：「野田大臣からも財務省の声に疑問が出ているが」「今の対応でよいという考えか」
・４月18日　対福田次官：「麻生大臣もずいぶん次官の人権を守っているようだが」「自身の進退について考えは変わらないか」「与党内からも辞任を求める声が出ているが」
・４月19日　対福田次官：「女性は精神的なショックを受けられているということだ」「一言ないか」「一言お願いする」「女性記者に何かないか」「セクハラはなかったんじゃないか」「じゃあ何で辞任するのか」
・４月19日　対麻生大臣：「昨日テレビ朝日が会見したが、受け止めは」「任命責任はいかがか」「女性記者が被害を訴えているがどう対応するのか」「財務省は対応しないのか」「財務省はどう対応するのか」「G20に行く前に一言お願いする」「何も言わずに行くのか」「佐川氏と福田氏と辞めたが、任命責任はどう考えるか」「辞任を求める声が出ているが、一言お願いする」

これらの矢継ぎ早に一方的に寄せられるヒステリックなレトリカル・クエスチョンに対して、用務のために歩行で移動中の麻生大臣・福田次官がいちいち回答するわけはありません。これらの質問は、記者の声からあたかも逃げているような麻生大臣・福田次官の姿を映像としてニュースに流すための演出であると考えられます。

事実、上記のやり取りはすべて『羽鳥慎一のモーニングショー』と『報道ステーション』の説明VTRに使用されています。

ある言説に対して反論しないことを根拠にその人物はその言説を認めていると考えるのは**【黙契の虚偽 fallacy of tacit agreement】**という誤謬です。この「黙契の虚偽」を利用したアンフェアなルーティン・ワークも人間の尊厳を脅かす卑劣なモラハラ行為以外の何物でもありません。

■野党議員

◆野党合同ヒアリング

国会議員が国政調査のために行政機関の官僚からヒアリングを通して情報を得ることは重要なことです。しかしながら、その官僚に対して、理不尽な質問を浴びせたり、要求をしたり、命令をしたり、罵倒したりすることは、職務の適正な範囲を超えて官僚に精神的な苦痛を与えるとともに職場環境を悪化させるパワハラ行為です。

また大臣の指揮下にある官僚に対して、大臣の行動を根拠にして罵声を浴びせることは、属性を根拠に人間を差別するヘイト・スピーチに他なりません。

野党合同ヒアリングにおいて、大臣の行動を根拠に官僚に罵声を浴びせていた野党議員がヘイト・スピーチを用いたパワハラ行為を官僚に対して行っていたことは疑いの余地もないものでした。野党議員は極めて卑劣な言葉によるリンチ行為を白昼堂々と連日行っていたことになります。

日頃から野党議員は「大臣の言動は重たい」として大臣の辞職を要求していますが、三権分立を考えれば個々の国会議員の言動も同時に重たいはずであり、その国会議員がヘイト・スピーチによるパワハラ行為を続けていたとすれば議員辞職にも相当するのではないでしょうか。

◆#Me Too

「Me」と「Too」の間に空白スペースが入った野党の「#Me Too」運動は、海外における本家の「#MeToo」運動とは本質が異なるものです。

「自らのセクハラ体験を告白する」という運動の本質をまったく理解することなしに、何の疑問も持たず、「Time's Up」運動で話題になった黒服を着用した上で〝#Me Too〟のプラカードを持った姿をマスメディアに撮影させるという奇異な「#Me Too」運動は、オリジナルの#MeToo運動を明らかに冒瀆しています。

あえていわせてもらえば、このような無理解こそ、野党議員がヒステリックに主張する「セクハラに対する世界の潮流をまったく理解していない」行為の典型例ではないでしょうか。

〝#Me Too〟のプラカードを野党合同ヒアリングに出席した財務官僚の前で振りかざすという意味不明な行為に続き、野党合同集会で全議員にプラカードを持たせたところをマスメディアのカメラマンに撮らせて記事にさせました。こうした行為は、セクハラの政治利用に他なりません。

さらに財務省への抗議にあたって、財務省前の絶好ポイントにカメラマン席を設置させた上で、それに向かって隊列を組んで野党議員が進んでいくという演出、および財務省内において先行するカメラを正面に見据えながら練り歩くという演出をしたことは、情報弱者を小ばかにするものです。

立法府の議員が、行政府内で職員を恫喝すると同時に、プラカードを掲げて秩序を混乱させるようなデモンストレーションを行ったことは、常識的にいって許容できるものではありません。

◆尾辻かな子議員（立憲民主党）

野党合同ヒアリングにおけるパワハラによるセクハラ追及と野党の「#Me Too」運動をリードしたのが立憲民主党の尾辻かな子議員です。財務省の役人に対して〝#Me Too〟と書かれたプラカードを一斉に掲げ、「これは #MeToo 運動です」というリーダーは、オリジナルの #MeToo 運動の趣旨を正確に語ることはありませんでした。

野党合同集会で「セクハラに泣き寝入りをする社会はもう作らせない」と言いながらも、追及の相手は、財務次官・財務省・麻生大臣・安倍政権だけであり、他のセクハラ事案に積極的に声を上げた形跡はありません。

福田氏のセクハラ疑惑以降、元新潟県知事の買春疑惑、芸能人の強制わいせつ行為、朝日新聞のセクハラ疑惑、テレビ朝日のセクハラ蔓延など、福田氏の言葉によるセクハラ行為よりも重大な、肉体的行為を含んだ事案がいくつも発生しています。麻生大臣の「セクハラ罪という罪はない」という何の問題もない発言に激怒りする尾辻議員が、このような事案に対してなぜ怒らないのか不思議でなりません。

◆柚木道義議員（希望の党→国民民主党→無所属）

政権に何かスキャンダルめいたことが発生する度に登場し、スケープゴートにありふれたネガティヴなレッテルを貼ることで徹底的に人格攻撃してきた柚木議員。その手法はこの騒動でもとどまるところを知りませんでした。

野党合同ヒアリングや財務省での #Me Too 運動の際には計算高くマスメディアの映像に登場し、自己アピールに余念がなかったようです。

野党合同ヒアリングでは、麻生大臣の行動を根拠に財務官僚を叱責するという理不尽なパワハラ追及を連日繰り返しましたが、その姿を写すカメラの位置が気になって仕方がないようで、何度もカメラ目線となる様子が観察されています。

また、財務省での #Me Too 運動においては、常に尾辻議員の周辺に位置し、映像の中心となることで女性の味方であることをアピールしました。

セクハラの追及においては、被害女性記者の二次被害を根拠にして財務省を徹底的に叱責したにもかかわらず、自らは被害女性記者と女性上司を容易に特定できる情報をツイッターで流布しました。

二次被害で最も回避しなければならないことは、被害者の特定です。そのことを考えると、まさに言っていることとやっていることが逆でした。

そして、このことは古賀茂明氏・望月衣塑子記者・杉尾秀哉議員にも共通して行われました。これらの人物による情報提供により、インターネット上では女性上司と被害女性記者の名前が特定され、公然の秘密となってしまったのです。

このことは、今回のセクハラ騒動において、実質的に最大の二次被害であり、人権蹂躙だったのではないでしょうか。被害を訴えることに高い壁がある社会をつくっているのは、このような行為に他なりません。

◆杉尾秀哉議員（立憲民主党）

マスメディアの噂として、女性上司と被害女性記者を特定する情報の存在を最初に公表したのが杉尾議員でした。

理不尽なことに、杉尾議員は財務官僚がその噂を知らないことに激怒し、最後には財務官僚に対して「狂ってる」と罵りました。これは、世間に存在している悪質なパワハラの典型であるといえます。まさに、国会議員が悪質なパワハラのお手本を示したことになります。

なお、その噂自体はテレビ朝日の角南社長によって明確に否定されています。つまり、明らかなガセネタを財務官僚が把握していないことを根拠に財務官僚を罵倒していたということになります。すべての人の尊厳が守られ、働きやすい社会を作るにあたっては、このようなハラスメントを繰り返させてはなりません。

■福田元財務次官

セクハラ疑惑によって財務次官の職を辞した福田氏は、日本のセクハラ史上、ある意味で最も高い地位をセクハラによって失った人物になりました。

財務省からセクハラ認定を受けた福田氏ですが、辞任の際には法廷で闘うと宣言していました。財務省のセクハラ認定は、ステークホルダーであるテレビ朝日の証言を基にしたものであり、真実は必ずしも完全には明らかになっていないのは事実です。日本は法治国家なので、法廷で争うことは可能です。

■被害女性記者

女性に課される暗黙の了解が蔓延しているマスメディアの社会、ひいてはハラスメント被害が繰り返されたり、被害を訴えることに高い壁がある日本社会において、強い気持ちをもって被害を訴え出られたことは極めて有益な英断だったことでしょう。

残念ながら、一部の心無い議員が情報を流布したために、名前がインターネット上に流出し、大変な二次被害を受けていらっしゃると推察しますが、すべての人の尊厳が守られ、働きやすい社会になるために果たした役割は極めて大きいものです。

今回の訴えによって、日本社会にはハラスメントに対する大きな抑止効果が生まれたのではないでしょうか。最も大きな課題は、このような抑止効果を維持させることに他なりません。

■喧騒の後に

財務省セクハラ騒動は、女性の社会進出において重要なポイントとなるセクハラの抑止という本来のアジェンダが、事案の関係者であるマスメディアおよび第三者である野党議員によって次第に歪められていき、最終的に単なる政権批判に矮小化された大騒ぎであったと総括することができます。

冒頭で述べた通り、最近の日本社会においては、社会システムに何かしらの欠点や不祥事があると、野党とマスメディアがそれを政治利用し、ヒステリックにスケープゴートを人格攻撃した上で最終的に政権の責任を追及するというパターンが定着しています。

不祥事という一定期間有効な「無敵の追及カード」を手にした野党とマスメディアは、追及に不都合なすべての反論をタブー化し、反論の論者を徹底的に「悪魔化」します。

今回のセクハラ騒動の場合の「無敵の追及カード」は「無言のセクハラ被害者」の存在でしたが、あるときはそれが過労死被害者家族、あるときは障がい者、そしてあるときはＬＧＢＴであったりします。

被害者を人質に取り、その存在のみを根拠にして、罪悪感に訴える論証で不都合な議論をすべて否定するというパターンは国会議論でも散見されています。柚木道義議員が国会委員会の傍聴席に伊藤詩織氏や過労死被害者家族を呼び、その存在を終始意識させることによって主張をゴリ押しするのはその典型例です。最近でも、自民党の杉田水脈議員が、明らかにＬＧＢＴに関連する「議論」を展開したところ、コンテクストを無視した言葉狩りによって「悪魔化」されるという事案がありました。

政治において重要なのは政策の議論であり、ポリティカル・コレクトネスを根拠に論敵を人格攻撃することではありません。「はめられて訴えられているのではないか」「セクハラ罪という罪はない」という麻生大臣の発言がいつのまにか議論の主要なアジェンダとなり、テレビ朝日内の異常なセクハラの蔓延が話題にも上らない騒動の顚末は本末転倒だとしかいいようがありません。このような生産性のない本末転倒な議論が繰り返されていることこそ、日本政治の大問題であると考えます。

なお念のため、最後に一言あえていわせていただきます。

本書はフィクションでもノンフィクションでもありません（笑）。

おわりに

世の中に様々なハラスメントが横行している中、日本の政界をとりまく環境はその縮図とも言えるようにハラスメントが飛び交っています。その中でも特に多いのが、文脈を無視した「言葉の切り取り」と「言葉の改変」によって、野党議員とマスメディアが政権与党のスケープゴートを継続的に攻撃するモラル・ハラスメントです。本書の最後にこの点に着目して考えてみたいと思います。

戦後の憲政の歴史において、野党とマスメディアの「言葉の切り取り」と「言葉の改変」の最大のスケープゴートとなってきたのは、まず疑いもなく麻生太郎大臣であると言えます(笑)。例えば総理大臣時代には、（1）参院外交防衛委員会でカップラーメンの値段を質問されて400円と答えた発言で「国民の生活レベルを知らない」と言われ、（2）「ホテルのバーは安全で安い」という発言で「庶民感覚がない」と言われ、（3）居酒屋料理の「ホッケの塩焼き」を「ホッケの煮付け」と勘違いした発言で「世間知らず」と言われ、（4）漢字を読み間違えた発言で「非常識」と言われました。これらは特定のターゲットの発言に対して常に否定的な評価をして精神的打撃を与える典型的なモラハラです。

上記発言は、別段批判に値するものではありません。まず（1）について、麻生大臣がカップラーメンをその当時食べていなければその価格を知らなくても不思議ではありません。ちなみに直前に聞かれたペットボトルのお茶と米の価格については適正な値を答えています。（2）については、総理大臣の会議・会合場所としてホテルのバーが安全で安いのは事実であり、総理大臣の特殊な用務環境に対して庶民感覚を持ち出すことこそが不合理です。（3）（4）については、人間に無謬を求める大きな勘違いです。

モラハラの名付け親で専門家のマリー＝フランス・イルゴイエンヌ氏は、モラハラの素因は、相手を傷つけることで自分を偉いと感じ、心の中の葛藤から目を背け、うまくいかないことを他人のせいにする加害者の変質性にあるとしています。「私には責任はない。悪いのは相手の方だ」という弱者や被害者側に立っていると考える妄想がモラハラの原動力となります。すなわち、自分は弱者や被害者側に立っているのだから何をしても許されるという勘違いが行動を過激にし、相手を傷つけている認識をなくすのです。

その意味で、自分が弱者や被害者側にいることをことさら強調して、論理を伴わずに政権を批判する野党とマスメディアは慢性的なモラハラに陥っていると言えます。今回のセクハラ騒動はその典型的な事例です。自分たちの組織が抱えている深刻なセクハラ案件を無視した上で、話題のセクハラ被害者にとびつき、あたかもその味方であるかのように振る舞い、財務省を継続的に悪魔化しました。そしてこれに加えて、野党は、優位な立場を利用して財務官僚を吊し上げるというパワー・ハラスメントを行ったわけです。

闘う姿勢を演じる野党の三文芝居は情報弱者に有効であり、その根拠のない期待によって成立したのが２００９年の民主党政権です。麻生総理大臣を徹底的に人格攻撃するポピュリズムで政権を得てしまった成功体験がなおも脈々と生きて現在に至っていると言えます。

ただ、この安易なビジネス・モデルも最近では効果が激減しています。蓮舫議員は、政権を問題視する何かしらのマスメディア報道があると、必ずと言っていいほどそれにとびつき政権の倫理を批判してきましたが、インターネットによる検証が有効に機能する最近では、蓮舫議員が何かしらの批判をするたびにそれがかなりの高確率でブーメランとなり、逆に大衆がマスメディアに心理操作されていたことに気付くというパターンが続いています。今回の財務省セクハラ騒動においても、蓮舫議員は次のように語っています。

蓮舫議員：「セクハラ罪という罪はない」と言った麻生財務大臣の感覚を、伊吹衆院議長経験者が、それは正しいと。正しい、正しくないという話じゃない。伊吹さんも麻生さんも、財務省のセクハラ研修に何で出てくれなかったんでしょう。安倍内閣は女性活躍を掲げているが、色々な議員の言葉を見ますと、「女は子どもを産んで、セクハラに耐えろ」と言っているのが本当に分かる（以上、5月11日朝日新聞記事からの抜粋）。

セクハラ研修に出て勉強すべきは、与党の男性議員が「女はセクハラに耐えろ」と言っていると曲解してマスメディアに公言する蓮舫議員です。そもそも蓮舫議員にはセクハラ意識が欠如した発言が目立ちます。例えば、民進党代表選挙で「私は前原さんに謝ってもらいたくない」と演説中に泣き始めた玉木雄一郎候補に対して「玉木君、男が泣くな」とジェンダー・スキーマを強制する発言を行っています。また家庭内においても、夫への虐待的対応を家族が証言しています。言葉を厳密に解釈して蓮舫議員のように揚げ足をとれば、いくらでも蓮舫議員を批判するこが可能となります。

言葉の揚げ足をとることは無意味であるばかりかキリがないことです。例えば、社民党の福島瑞穂議員はツイッターで次のように発言しています。

安倍総理は麻生大臣を罷免すべきである。
セクハラを未だに容認しない麻生大臣をそのまま任用続けることは
セクハラ容認内閣になってしまう。

福島議員はこのツイートでなんと「セクハラを未だに容認しない麻生大臣」を問題視しているのです（笑）。これは明らかなシンタックス・エラーと考えられますが、もしもこの手のミスを与党議員が犯したら、最後には「このような発言を容認する安倍首相の責任は重い」という結論になることは必至です。

ところで、福島議員といえば、２０１５年の安保法案の採決阻止を目的として、野党の女性議員による「ピンクのハチマキ騒動」を主導しました。

産経ニュース（2015年9月）

参院平和安全法制特別委員会は１６日夜、安全保障関連法案の締めくくり総括質疑を行うための理事会を断続的に開いている。しかし野党側は女性議員を理事会室前のドアに多数配置し、排除しようとする与党議員に「触るな！　セクハラだ！」などと抵抗。事実上、「女の壁」で鴻池祥肇委員長を室内に監禁し、質疑開始を妨害している状態だ。理事会室前には、社民党の福島瑞穂前党首や民主党の小宮山泰子、辻元清美両衆院議員ら複数の野党女性議員が、いずれもピンクのハチマキ姿で集結。与党の男性議員が触れるたびに「セクハラを働いた」などと騒いでいる。理事会室前には多くの与野党議員が密集。ある野党の男性議員は「自民党の石井浩郎参院議員がセクハラしました」と大声を上げ、押されただけの石井氏が激高するシーンもあった。

これも男性に対する「セクハラを利用したセクハラ」に他なりません。

さらに福島議員は、２０１６年東京都知事選の時に、小池百合子候補に対して「外は女装しててても中身がタカ派の男性」と表現しました。これは、同性から特定女性に対するセクハラであると同時に、異性から一般男性に対するセクハラでもあります。この選挙では、石原慎太郎元東京都知事が小池候補に対して「大年増の厚化粧」「厚化粧の女に都政は任せられない」と発言しました。これも明らかなセクハラです。ただ、小池候補のたくましいところは、この発言を逆にポピュリズムに利用して都知事選で大勝利を収めたことです（笑）。

その小池都知事自身も都議選の演説で「オッサン政治じゃもうダメなんですよ」というセクハラ発言を行っています。また、希望の党代表としてのぞんだ衆議院選挙に敗北した時には、「都知事に当選してガラスの天井を破り、都議選でパーフェクトな戦いをしてもう一つガラスの天井を破ったと思ったが、今回の総選挙で鉄の天井があると改めて知った」として選挙の敗北を性差別によるものだと暗に主張しました。これは東京都の有権者に対するセクハラということになります。

男性議員を「オッサン」と呼んで侮蔑するのは小池都知事だけではなく、例えば、福島議員は集団的自衛権に対して「オッサンのファンタジーでひどい目にあう訳にはいかない」と発言し、辻元清美議員は「オッサン政治の壁を破ろう」をスローガンにしています。これも根拠を述べない限りセクハラに他なりません。

なお、セクハラでありませんが、辻元議員は、皇室に対して「生理的に嫌だ。同じ空気を吸いたくない」という言論を展開し、蓮舫議員は「安倍首相と同じ空気を吸うのが辛い」と発言しています。このような究極のヘイト・スピーチを行っている議員が、他者の発言を倫理的に批判するというのもどうかと思います。

最後に杉田水脈議員のＬＧＢＴ騒動について触れておきます。自民党が見解を出しているように、概してこの騒動は、マイノリティに関わる事案に対する杉田議員の問題への理解不足と関係者への慎重な配慮を欠いていたために発生したものと考えられます。特に、問題視されている「彼ら彼女らは子供を作らない、つまり『生産性』がないのです」という言説は十分な説明もなく誤解を与える表現になっていると思います。

しかしながら、この言葉のみを取り出して、杉田議員の全人格を否定するのは明らかに行き過ぎています。朝日新聞社『ＡＥＲＡオンライン』は「杉田水脈衆院議員の顔は『幸せに縁がない』？ 観相学で見てみたら…」と題する記事で杉田議員の容姿を否定しました。この他にも、神戸新聞の「市民と取っ組み合い寸前」報道、『週刊文春』の「育児丸投げ」報道、ＮＨＫ『ニュースウォッチ9』の「植松被告と根っこは同じ」報道もスケープゴートを叩きのめす人格攻撃と言えるものでした。これはモラハラ以外の何物でもありません。

なお、出産と生産性を結びつける発言は杉田議員が最初ではなく、過去に民主党の菅直人議員（現・立憲民主党）が選挙の応援演説において「東京と愛知は、子どもを産むという『生産性』が最も低い」と発言しています。この時には、特段、デモが発生するような大騒ぎにはなっていません。

一方、個人に対する批判を政治利用して自民党に対する批判を展開するのも不合理です。

立民・枝野幸男代表：杉田氏のような発言をする人を認めるかどうか、自民党総裁選の最大の論点にならなければおかしい

立民・蓮舫副代表：単なる無知を堂々と晒した政治家は不要だと何故叱責しないのか。

共産・小池晃書記局長：容認するなら自民党も同レベル、国際的にも断罪される

枝野代表が菅議員の存在を認めるか、蓮舫副代表が菅議員を不要だと叱責するか、小池書記局長が立憲民主党も同レベルと断罪するか、非常に興味深いところですが、いまのところ何のアクションもないようです。

いずれにしてもこのＬＧＢＴ騒動において、野党とマスメディアは、財務省セクハラ騒動と同じように、ＬＧＢＴという言論の被害者的存在の側にいることを背景にして、有無を言わさずスケープゴートを人格攻撃で叩きのめすとともに政権批判に結び付けました。

このように何か事があるたびに野党はブーメランを投げ、そのブーメランが野党に戻っていきます。絶望的なのは、野党が戻ってきたブーメランを永遠に投げ続けることです。この非生産的な繰り返しを終わらせるためには、国民が野党からブーメランを奪ってくるしか方法はありません（笑）。

著者　**藤原かずえ**（ふじわら かずえ）

ブロガー。インターネットの言論プラットフォーム『アゴラ』や『月刊Hanada』でマスメディア・政治家の問題点を論理的に指摘、ＳＮＳで新聞・テレビ報道を論評する一方で、フェイクニュース（ＴＢＳ『ひるおび』の小池都知事に対する握手拒否報道やTBS『NEWS23』『サンデーモーニング』の220万回リツイート報道等）を発見して紹介するなど、ファクトに基づく自由な言論活動を展開している。ブーメランを指摘して話題になった「もしも蓮舫議員の二重国籍問題を蓮舫議員が追及したとしたら」等の風刺動画の作者でもある。2017年衆院選前にテレビ生出演した安倍首相の加計問題への反論を紹介した一つのツイートは1000万インプレッションにのぼった。

「セクハラ」と「パワハラ」野党と「モラハラ」メディア

2018年 10月 10日　初版発行

装　丁　木村慎二郎
編集協力　中野克哉
校　正　オールアログ
編　集　岩尾雅彦、川本悟史（ワニブックス）

発行者　横内正昭
編集人　青柳有紀
発行所　株式会社 ワニブックス
〒150-8482
東京都渋谷区恵比寿4-4-9 えびす大黒ビル
電話　03-5449-2711（代表）
03-5449-2716（編集部）
ワニブックスHP　http://www.wani.co.jp/
WANI BOOKOUT　http://www.wanibookout.com/

印刷所　株式会社 光邦
ＤＴＰ　アクアスピリット
製本所　ナショナル製本

ISBN 978-4-8470-9726-3